山下 輝彦
路　　元

朝日出版社

音声ダウンロード

 音声再生アプリ「リスニング・トレーナー」（無料）

朝日出版社開発のアプリ、「リスニング・トレーナー（リストレ）」を使えば、教科書の音声をスマホ、タブレットに簡単にダウンロードできます。どうぞご活用ください。

まずは「リストレ」アプリをダウンロード

▶ App Store はこちら　　▶ Google Play はこちら

アプリ【リスニング・トレーナー】の使い方

❶ アプリを開き、「コンテンツを追加」をタップ
❷ QRコードをカメラで読み込む

❸ QRコードが読み取れない場合は、画面上部に **45319** を入力し「Done」をタップします

QRコードは㈱デンソーウェーブの登録商標です

Webストリーミング音声

http://text.asahipress.com/free/ch/shitteru-d

◆ 本テキストの音声は、上記のアプリ、ストリーミングでのご提供となります。本テキストにCD・MP3は付きません。

前書き

　昨年刊行した『知ってる？今の中国　衣食住遊』は1978年の改革開放以降、資本主義の市場経済を導入した事を機に、貿易の自由化、経済のグローバル化、そしてインターネットや移動通信の普及など時代の流れに乗って、劇的な変化を遂げた中国の現在を紹介しながら、新しい中国の語彙、表現を加えた中国語教材である。

　特に私の旧友で元新華社記者Dr.路元の現地に暮らす元ジャーナリストの鋭い視点から捉えた現在進行形の中国の姿など、お陰様で好評を頂いており、著者としては有難い限りである。

　しかし、学習者にお伝えしたい情報は際限なくあるが、今回は、敢えてダイジェスト版を発行する事になった。

　実際に前作を使用されている現場のカリキュラムの都合上、全部を消化し切れないとの声を受けたものである。本書は、削除、省略した部分はあるが、厳選した内容になっており、前作のエッセンスだけでも感じ取って頂き、学習者それぞれが今後触れる情報や体験の手掛かりになればと考えている。新しい概念が多く、日本語では適切に表現しきれない部分もあるが、そもそも言葉と言うものは、思想、文化、慣習などに起因するもので他の国の言葉に置き換えられないものが多く、それを感じ取る事が語学学習の面白いところでもある。

　機会があれば、オリジナルである前作を参考にして貰い、更に理解を深めて欲しいが、先ずは本書でひと通り今どきの中国、中国語を習得出来るものと考えている。

2018年　秋
著者

目 次

第 1 课

与时俱进 ——称呼的变化 8

- 一 "因为～所以…"
- 二 "不～而是…"
- 三 "不再～"
- 四 "既～又…而且"

第 2 课

从白菜萝卜到山珍海味 ——饮食的变化 14

- 一 "从～到…"
- 二 "能～就…"
- 三 "随着～"
- 四 "难以～"

第 3 课

豪宅与蜗居 ——住房 0

- 一 "以～作为…"
- 二 "一～一…"
- 三 "连～也…"
- 四 "只能～"

第 4 课

说不清楚的爱 ——现代婚姻观 26

- 一 "稍有～便（就）…"
- 二 "谁～谁（…）"
- 三 "不～（就）不…"
- 四 "其实～"

第 5 课

中国人来了！ ——海外旅游 … 32

- 一 "首先~，其次…"
- 二 "被认为~"
- 三 "预计~将…"
- 四 "在~"

第 6 课

全民玩儿手机 ——微信 … 38

- 一 "通过~"
- 二 "根据~"
- 三 "第一时间~"
- 四 "与~相比…"

第 7 课

牛仔服与唐装 ——服装的变革 … 44

- 一 "以~为主"
- 二 "更加~"
- 三 "不论~（都）…"
- 四 "~以来"

第 8 课

一江春水向西流 ——移民 … 50

- 一 "犹如~"
- 二 "据~"
- 三 "尽量~"
- 四 "先~随后…"

第 1 课 Dì yī kè

与时俱进 —— 称呼的变化
Yǔshí-jùjìn —— chēnghu de biànhuà

中国 的 经济 和 社会 在 过去 的 几 十 年 内
Zhōngguó de jīngjì hé shèhuì zài guòqù de jǐ shí nián nèi
发生了 巨大 的 变化。人与人 之间 的 称呼 也 随 之
fāshēngle jùdà de biànhuà. Rén yǔ rén zhījiān de chēnghu yě suí zhī
发生了 各种 各样 的 改变。
fāshēngle gèzhǒng gèyàng de gǎibiàn.

比如，原来 大家 都 互相 称 "同志"，代表 每 个 人
Bǐrú, yuánlái dàjiā dōu hùxiāng chēng "tóngzhì", dàibiǎo měi ge rén
的 革命 理想 是 一致 的，每 个 人 是 平等 的。现在 ①因为
de gémìng lǐxiǎng shì yízhì de, měi ge rén shì píngděng de. Xiànzài yīnwèi
"同志" 这个 词 有了 其他 的 含义，所以 在 一般 场合 几乎
"tóngzhì" zhège cí yǒule qítā de hányì, suǒyǐ zài yìbān chǎnghé jīhū
不用 了。再 比如，"小姐" 过去 是 称呼 年轻 女子 的，后来
búyòng le. Zài bǐrú, "xiǎojiě" guòqù shì chēnghu niánqīng nǚzǐ de, hòulái
又 用 来 称呼 年轻 女性 服务 人员。现在 因为 一些
yòu yòng lái chēnghu niánqīng nǚxìng fúwù rényuán. Xiànzài yīnwèi yìxiē
特殊 服务 工作者 被 称为 "小姐"，所以 现在 女性 服务
tèshū fúwù gōngzuòzhě bèi chēngwéi "xiǎojiě", suǒyǐ xiànzài nǚxìng fúwù
人员 ②不 叫 "小姐" 了，而 是 叫做 "美女" 或 "服务员"。
rényuán bú jiào "xiǎojiě" le, ér shì jiàozuò "měinǚ" huò "fúwùyuán".

在 当代 中国，有 知识 有 文化 或 在 某 一 方面
Zài dāngdài zhōngguó, yǒu zhīshi yǒu wénhuà huò zài mǒu yì fāngmiàn
有 研究 的 人 都 可以 被 称为 老师，所以 老师 ③不再
yǒu yánjiū de rén dōu kěyǐ bèi chēngwéi lǎoshī, suǒyǐ lǎoshī búzài
特 指 在 学校 教学 的 人，也 可能 是 一 个 画家，一 个
tè zhǐ zài xuéxiào jiàoxué de rén, yě kěnéng shì yí ge huàjiā, yí ge
新闻 工作者 或 一 个 古董鉴赏家。对 各 级 领导 的
xīnwén gōngzuòzhě huò yí ge gǔdǒngjiànshǎngjiā. Duì gè jí lǐngdǎo de
称呼 很 重要，一般 在 他们 的 姓 后边 加上 他们 的
chēnghu hěn zhòngyào, yìbān zài tāmen de xìng hòubian jiāshàng tāmen de

职务 或 头衔，但 可以 把 "长" 省略，[4] 既 表示 尊重，又
zhíwù huò tóuxián, dàn kěyǐ bǎ "zhǎng" shěnglüè, jì biǎoshì zūnzhòng, yòu

不太 张扬，而且 简短 潇洒。比如 粮食局 张 局长 可以
bú tài zhāngyáng, érqiě jiǎnduǎn xiāosǎ. Bǐrú liángshíjú Zhāng júzhǎng kěyǐ

称为 张 局；财务处 赵 处长 可以 称为 赵 处；侦查
chēngwéi Zhāng jú; cáiwùchù Zhào chùzhǎng kěyǐ chēngwéi Zhào chù; zhēnchá

大队 刘 队长 可以 称为 刘 队。
dàduì Liú duìzhǎng kěyǐ chēngwéi Liú duì.

现在 中国 自己 做 生意的 开公司 的人 多了，有钱人
Xiànzài zhōngguó zìjǐ zuò shēngyi de kāi gōngsī de rén duō le, yǒuqiánrén

也 多了，所以 这些 人 一般 都 被 称为 "老板" 或 "总"，
yě duō le, suǒyǐ zhèxiē rén yìbān dōu bèi chēngwéi "lǎobǎn" huò "zǒng",

如 "王 老板"、"孙 总"。甚至 有的 研究生 导师 也 被
rú "Wáng lǎobǎn"、"Sūn zǒng". Shènzhì yǒude yánjiūshēng dǎoshī yě bèi

称作 "老板"，因为 他们 有 权 也 有 课题 研究 经费。
chēngzuò "lǎobǎn", yīnwèi tāmen yǒu quán yě yǒu kètí yánjiū jīngfèi.

很 多 公司 内部 的 人 称呼 有 影响力 的 或 年长 的
Hěn duō gōngsī nèibù de rén chēnghu yǒu yǐngxiǎnglì de huò niánzhǎng de

人 为 "哥"、"姐"，比如 "梁 哥"、"静 姐" 等。在 "哥"、"姐"
rén wéi "gē"、"jiě", bǐrú "Liáng gē"、"Jìng jiě" děng. Zài "gē"、"jiě"

之前 加上 姓 或 名字。
zhīqián jiāshàng xìng huò míngzi.

现在 夫妻 之间 的 称呼 很 有 意思，几个 不同 时代 的
Xiànzài fūqī zhījiān de chēnghu hěn yǒu yìsi, jǐ ge bùtóng shídài de

称呼 都 在 用。有的 人 用 "先生"、"太太"；有的 用 "老公"、
chēnghu dōu zài yòng. Yǒude rén yòng "xiānsheng"、"tàitai"; yǒude yòng "lǎogōng"、

"老婆"；也 有的 用 "爱人" 来 互相 介绍 自己 的 配偶。
"lǎopo"; yě yǒude yòng "àiren" lái hùxiāng jièshào zìjǐ de pèi'ǒu.

- 与时俱进 yǔshí-jùjìn：時代とともに発展する
- 称呼 chēnghu：呼び方、呼び名
- 随之 suí zhī：これにともなって
- 各种各样 gèzhǒng gèyàng：様々な
- 比如 bǐrú：例えば
- 原来 yuánlái：もともと
- 互相 hùxiāng：お互いに
- 一致 yízhì：一致している、同じである
- 含义 hányì：含まれている意味
- 几乎 jīhū：ほとんど
- 再 zài：さらに
- 年轻 niánqīng：若い
- 服务人员 fúwù rényuán：サービス係、店員
- 工作者 gōngzuòzhě：従事者
- 有知识 yǒu zhīshi：知識がある、教養がある
- 有文化 yǒu wénhuà：教養がある
- 某 mǒu：ある、某
- 有研究 yǒu yánjiū：専門知識がある
- 可能 kěnéng：かもしれない
- 古董鉴赏家 gǔdǒngjiànshǎngjiā：骨董品鑑定士

- 各级领导 gè jí lǐngdǎo：各級の上司
- 职务 zhíwù：職務、役職
- 头衔 tóuxián：肩書き
- 尊重 zūnzhòng：尊重する
- 张扬 zhāngyáng：おおげさ、オーバー、気取る
- 简短 jiǎnduǎn：簡単で短い、簡潔
- 潇洒 xiāosǎ：あか抜けている、スマートである
- 粮食 liángshi：食糧
- 侦查 zhēnchá：捜査する、調査する
- 生意 shēngyi：商売、ビジネス
- 有钱人 yǒuqiánrén：お金持ち
- 老板 lǎobǎn：経営者、企業主
- 研究生导师 yánjiūshēng dǎoshī：大学院の指導教授
- 先生 xiānsheng：夫
- 太太 tàitai：奥様、妻
- 老公 lǎogōng：夫、主人
- 老婆 lǎopo：女房、妻
- 爱人 àiren：夫、妻、配偶者

学習ポイント

一　"因为～所以…"　「～なので（だから）…（である）」

1　**因为**昨天他有病，**所以**没来上课。
　　Yīnwèi zuótiān tā yǒu bìng, suǒyǐ méi lái shàngkè.

2　**因为**天气不好，**所以**大家都不想出去。
　　Yīnwèi tiānqì bù hǎo, suǒyǐ dàjiā dōu bù xiǎng chūqu.

3　**因为**电脑出现故障，**所以**没有完成工作。
　　Yīnwèi diànnǎo chūxiàn gùzhàng, suǒyǐ méiyǒu wánchéng gōngzuò.

二 "不~而是…"「~しないで(せずして)…だ(する)」

1. 他**不**自我检讨，**而是**把责任推给别人。
   Tā bú zìwǒ jiǎntǎo, ér shì bǎ zérèn tuī gěi biéren.

2. 这**不**是一个新问题，**而是**一个老问题。
   Zhè bú shì yí ge xīn wèntí, ér shì yí ge lǎo wèntí.

3. 我明天**不**想看电影，**而是**想看话剧。
   Wǒ míngtiān bù xiǎng kàn diànyǐng, ér shì xiǎng kàn huàjù.

三 "不再~"「もはや~ではない、再び~しない」

1. 被老师批评以后，小李**不再**迟到了。
   Bèi lǎoshī pīpíng yǐhòu, Xiǎo Lǐ bú zài chídào le.

2. 吸取那次的教训，他**不再**像以前那样张扬了。
   Xīqǔ nà cì de jiàoxùn, tā bú zài xiàng yǐqián nàyàng zhāngyáng le.

3. 年收一万元已经**不再**是有钱人的象征了。
   Niánshōu yíwàn yuán yǐjīng bú zài shì yǒuqiánrén de xiàngzhēng le.

四 "既~又…而且‥"「~であるうえに…で、しかも‥」

1. 使用这种方法加工，**既**快**又**省力，**而且**成本低。
   Shǐyòng zhè zhǒng fāngfǎ jiāgōng, jì kuài yòu shěnglì, érqiě chéngběn dī.

2. 我的朋友**既**会日文，**又**会中文，**而且**还会英文。
   Wǒ de péngyou jì huì Rìwén, yòu huì Zhōngwén, érqiě hái huì Yīngwén.

3. 小明**既**聪明，**又**听话，**而且**很懂礼貌。
   Xiǎo Míng jì cōngming, yòu tīnghuà, érqiě hěn dǒng lǐmào.

練習問題

1 カッコ内に単語の発音をピンインで書きなさい。

(1) 称呼（　　　）　(2) 革命（　　　）　(3) 原来（　　　）

(4) 平等（　　　）　(5) 含义（　　　）　(6) 年轻（　　　）

(7) 小姐（　　　）　(8) 服务（　　　）　(9) 知识（　　　）

(10) 新闻（　　　）　(11) 领导（　　　）　(12) 省略（　　　）

(13) 侦查（　　　）　(14) 生意（　　　）　(15) 甚至（　　　）

2 次のピンインを簡体字に直し、日本語に訳しなさい。

(1) Dàibiǎo měi ge rén de gémìng lǐxiǎng shì yízhì de.

(2) Bǐrú liángshijú Zhāng júzhǎng kěyǐ chēngwéi Zhāng jú.

(3) Suǒyǐ zhèxiē rén yìbān dōu bèi chēngwéi "lǎobǎn".

(4) Shènzhì yǒude yánjiūshēng dǎoshī yě bèi chēngzuò "lǎobǎn".

3 次の語群から適当な語を選び、文を完成させなさい。

> 又　因为　可以　也　与　研究　随之
> 各种各样　而且　既

(1) ＿＿＿表示尊重，＿＿＿不太张扬，＿＿＿简短潇洒。

(2) ＿＿＿他们有权＿＿＿有课题研究经费。

(3) 人＿＿＿人之间的称呼也＿＿＿发生了＿＿＿的改变。

(4) 在某一方面有＿＿＿的人都＿＿＿被称为老师。

4 次の日本語の意味になるように中国語を並べ替えなさい。

(1) 这个 "小姐" 在 几乎 了 词 不用 场合 一般 现在
（日本語 いまでは、「小姐」という言葉は、一般的にほとんど使わなくなった。）

(2) 互相 每个 人 的 革命 是 的 称 一致 "同志" 理想 代表
（日本語 互いに「同志」と呼び、どの人の革命的理想も一致していることを表す。）

(3) 的 姓 加上 的 后边 或 头衔 一般 在 他们 职务 他们
（日本語 一般的に彼らの苗字の後に、彼らの役職或いは肩書を加える。）

(4) 用 的 现在 几个 称呼 在 之间 不同 都 夫妻 时代
（日本語 現在夫婦の間で、いくつかの異なる時代の呼称がすべて使われている。）

5 次の日本語を中国語に訳しなさい。

(1) 彼は（一人の）画家或いは骨董品鑑定士であるかもしれない。

(2) 経済と社会は過去数十年の間に大きく変化した。

(3) 現在中国で自らビジネスをし、会社を創業する者が増えた。

(4) 大学院生の指導教授が「ボス」と呼ばれることもある。

第 2 课 ① 从白菜萝卜到山珍海味 —— 饮食的变化

中国饮食文化的历史源远流长。中国古语"民以食为天"说明了中国人对饮食的重视程度。随着经济水平的不断提高,人们的物质生活也不断改善,饮食结构和习惯也发生了巨大的变化。

上世纪80年代以前,物质匮乏。萝卜和大白菜是老百姓餐桌上的主菜。早点 ② 能吃上豆浆油条就很奢侈了,鸡鸭鱼肉都是按票定量供应的。

上世纪80年代以后,中国的改革开放使人们的生活从温饱走向小康,所有的副食品票证都被取消。普通老百姓的餐桌上出现了各种各样的蔬菜和肉类,几乎每顿饭都是荤素搭配。

进入21世纪以来,富裕起来的中国人一年在餐桌上能吃掉上千亿元人民币。山珍海味不再稀有,早餐也增加了面包、鸡蛋、牛奶、水果等等。人们吃饭不仅是为了生存和吸取营养,而且是为了

追求 某 种 享受 和 心理 的 满足。
zhuīqiú mǒu zhǒng xiǎngshòu hé xīnlǐ de mǎnzú.

③随着 生活 的 富裕, 中国菜 已经 ④难以 满足 人们 的
Suízhe shēnghuó de fùyù, Zhōngguócài yǐjīng nányǐ mǎnzú rénmen de

胃口。 各种 外国 美食 料理 纷纷 进军 中国 城市。 大街
wèikǒu. Gèzhǒng wàiguó měishí liàolǐ fēnfēn jìnjūn Zhōngguó chéngshì. Dàjiē

小巷 各种 档次 和 风味 的 餐厅 随处 可见, 人们 可以
xiǎoxiàng gèzhǒng dàngcì hé fēngwèi de cāntīng suíchù kějiàn, rénmen kěyǐ

任意 选择 适合 自己 口味 的 地方 就餐。
rènyì xuǎnzé shìhé zìjǐ kǒuwèi de dìfang jiùcān.

食物 的 丰富 改善了 中国人 的 营养 状况, 但
Shíwù de fēngfù gǎishànle Zhōngguórén de yíngyǎng zhuàngkuàng, dàn

大吃 大喝 却 给 中国人 带来了 健康 隐患。 由于 偏爱
dàchī dàhē què gěi Zhōngguórén dàiláile jiànkāng yǐnhuàn. Yóuyú piān'ài

外卖、 快餐 和 饮料, 青少年 中 的 肥胖症 患者 人数
wàimài, kuàicān hé yǐnliào, qīngshàonián zhōng de féipàngzhèng huànzhě rénshù

持续 攀升。 中国 青少年 患 糖尿病 的 比例 是 美国
chíxù pānshēng. Zhōngguó qīngshàonián huàn tángniàobìng de bǐlì shì Měiguó

青少年 的 3 倍。
qīngshàonián de sān bèi.

现在 明智 而 有 条件 的 人们 开始 食用 有益 于
Xiànzài míngzhì ér yǒu tiáojiàn de rénmen kāishǐ shíyòng yǒuyì yú

健康 的 鲜活 食品 和 粗粮。 什么 食品 有 营养, 什么
jiànkāng de xiānhuó shípǐn hé cūliáng. Shénme shípǐn yǒu yíngyǎng, shénme

食品 能 防 衰老, 成为 人们 津津乐道 的 话题。
shípǐn néng fáng shuāilǎo, chéngwéi rénmen jīnjīnlèdào de huàtí.

- 萝卜 luóbo：大根
- 山珍海味 shānzhēn-hǎiwèi：山海の珍味
- 源远流长 yuányuǎnliúcháng：歴史・伝統が長い
- 民以食为天 mín yǐshí wéitiān：民にとっては食事は一番大切である
- 说明 shuōmíng：証明する、示す
- 随着~ suízhe~：~に伴って
- 结构 jiégòu：構造、構成
- 匮乏 kuìfá：欠乏する
- 大白菜 dàbáicài：白菜
- 老百姓 lǎobǎixìng：庶民
- 餐桌 cānzhuō：食卓
- 主菜 zhǔcài：メインディッシュ
- 早点 zǎodiǎn：朝食
- 吃上 chīshàng：口に入る、食べられる
- 豆浆 dòujiāng：豆乳
- 油条 yóutiáo：揚げパン
- 鸡鸭鱼肉 jī-yā-yú-ròu：鶏、あひる、魚、豚肉、ご馳走の例え
- 按票 àn piào：配給切符とひきかえ
- 定量供应 dìngliàng gōngyìng：量をきめて供給する
- 温饱 wēnbǎo：衣食が足りているギリギリの生活
- 小康 xiǎokāng：少し余裕のある生活
- 票证 piàozhèng：配給切符
- 顿 dùn：度、食事などの回数を表す量詞
- 荤素 hūn-sù：肉や魚など肉類料理と精進料理
- 搭配 dāpèi：組み合わせる
- 稀有 xīyǒu：稀有、めったにない
- 不仅~而且… bùjǐn~érqiě…：~ばかりでなく、しかも…
- 享受 xiǎngshòu：享受する、楽しむ
- 胃口 wèikǒu：食欲
- 纷纷 fēnfēn：次から次へと
- 大街小巷 dàjiē xiǎoxiàng：大通りにも路地にも
- 档次 dàngcì：等級、ランク
- 随处 suíchù：随所、至る所
- 就餐 jiùcān：食事をする、食事をとる
- 大吃大喝 dàchī dàhē：大盤振る舞い、派手に飲み食いする
- 隐患 yǐnhuàn：表面に現れない悩みや災禍
- 偏爱 piān'ài：偏愛する、えこひいきする
- 外卖 wàimài：テイクアウト
- 快餐 kuàicān：ファストフード
- 饮料 yǐnliào：飲み物、ドリンク
- 持续 chíxù：持続する、続ける
- 攀升 pānshēng：（少しずつ）上昇する
- 明智 míngzhì：賢明である
- 有条件 yǒu tiáojiàn：必要条件が備わっている
- 粗粮 cūliáng：（米麦に対する）雑穀
- 津津乐道 jīnjīnlèdào：趣味深く語る

学習ポイント Point

一 "从~到…"「~から…まで」

1 **从**古代**到**现在，中国和日本一直是关系密切的邻邦。
Cóng gǔdài dào xiànzài, Zhōngguó hé Rìběn yìzhí shì guānxì mìqiè de línbāng.

2 **从**南**到**北，本月全国都是高温天气。
Cóng nán dào běi, běnyuè quánguó dōu shì gāowēn tianqì.

3 **从**老人**到**孩子，大家都喜欢这个电视节目。
　Cóng lǎorén dào háizi, dàjiā dōu xǐhuan zhège diànshì jiémù.

二 "能～就…"「～できるならそれで…」

1 在这里以前人们**能**吃饱饭**就**心满意足了。
　Zài zhèli yǐqián rénmen néng chībǎo fàn jiù xīnmǎn-yìzú le.

2 做错了事情，你**能**承认错误，**就**可以进步。
　Zuòcuòle shìqing, nǐ néng chéngrèn cuòwù, jiù kěyǐ jìnbù.

3 你**能**保证今后不迟到我们**就**相信你。
　Nǐ néng bǎozhèng jīnhòu bù chídào wǒmen jiù xiāngxìn nǐ.

三 "随着～"「～につれて」

1 **随着**科技的发展，日常生活也比以前方便多了。
　Suízhe kējì de fāzhǎn, rìcháng shēnghuó yě bǐ yǐqián fāngbiàn duō le.

2 **随着**空气污染的恶化，人们已经开始重视环保了。
　Suízhe kōngqì wūrǎn de èhuà, rénmen yǐjīng kāishǐ zhòngshì huánbǎo le.

3 **随着**时间的流逝，我们已经逐渐忘记了这件事。
　Suízhe shíjiān de liúshì, wǒmen yǐjīng zhújiàn wàngjìle zhè jiàn shì.

四 "难以～"「～が難しい」

1 你说的事情没有证据，使人**难以**相信。
　Nǐ shuō de shìqing méiyǒu zhèngjù, shǐ rén nányǐ xiāngxìn.

2 法院这样轻的判决**难以**获得人们的支持。
　Fǎyuàn zhèyàng qīng de pànjué nányǐ huòdé rénmen de zhīchí.

3 我认为你们公司开支这样大，一定**难以**维持下去。
　Wǒ rènwéi nǐmen gōngsī kāizhī zhèyàng dà, yídìng nányǐ wéichí xiàqu.

練習問題

1 カッコ内に単語の発音をピンインで書きなさい。

(1) 饮食（　　　）　(2) 经济（　　　）　(3) 改善（　　　）
(4) 物质（　　　）　(5) 餐桌（　　　）　(6) 供应（　　　）
(7) 温饱（　　　）　(8) 蔬菜（　　　）　(9) 富裕（　　　）
(10) 鸡蛋（　　　）　(11) 适合（　　　）　(12) 隐患（　　　）
(13) 肥胖（　　　）　(14) 攀升（　　　）　(15) 衰老（　　　）

2 次のピンインを簡体字に直し、日本語に訳しなさい。

(1) Gǎigé kāifàng shǐ rénmen de shēnghuó cóng wēnbǎo zǒuxiàng xiǎokāng.

(2) Zǎocān yě zēngjiāle miànbāo、jīdàn、niúnǎi、shuǐguǒ děngděng.

(3) Luóbo hé dàbáicài shì lǎobǎixìng cānzhuō shang de zhǔcài.

(4) Zǎodiǎn néng chīshàng dòujiāng、yóutiáo jiù hěn shēchǐ le.

3 次の語群から適当な語を選び、文を完成させなさい。

> 向　也　随着　起来　从　掉　不再
> 不断

(1) ＿＿＿＿経济水平的不断提高，人们的物质生活也＿＿＿＿改善。

(2) 人们的生活＿＿＿＿温饱走＿＿＿＿小康，所有的副食品票证都被取消。

(3) 富裕＿＿＿＿的中国人一年在餐桌上能吃＿＿＿＿上千亿元人民币。

(4) 山珍海味＿＿＿＿稀有，早餐＿＿＿＿增加了面包、鸡蛋、牛奶、水果等等。

4 次の日本語の意味になるように中国語を並べ替えなさい。

(1) "民以食为天" 了　对　的　程度　中国人　说明　重视　饮食
（日本語 「民は食を天とす」とは中国人がどれほど食事を重視するかを物語っている。）

(2) 上　以前　鸭　鸡　是　按　都　票　供应　80　年代　世纪　肉　鱼　定　量　的
（日本語 前世紀80年代以前、鶏、あひる、魚、豚肉などの贅沢な食材は（食料）切符で一定量供給されていた。）

(3) 老百姓　的　上　了　肉类　各种　蔬菜　和　的　普通　餐桌　出现　各样
（日本語 一般庶民の食卓にさまざまな野菜と肉類が現れた。）

(4) 大街　档次　餐厅　各种　和　可见　的　随处　小巷　风味
（日本語 町の至る所に色々なランクの、様々な味のレストランが随所に見られる。）

5 次の日本語を中国語に訳しなさい。

(1) 人々は自分の好みに合った場所を好きに選んで食事をすることができる。

(2) 条件の備わっている人は健康によい生鮮食品と雑穀類を食べ始めている。

(3) 生活が豊かになるにつれて、中国料理はもう人々の食欲を満足させることが難しくなった。

(4) 経済的レベルが絶えず高くなるにつれて、食事の構成や習慣は大きく変わった。

豪宅与蜗居 — 住房
Háozhái yǔ wōjū — zhùfáng

中国 有 一 句 老话 叫做 安居乐业。世世代代 的 劳动
Zhōngguó yǒu yí jù lǎohuà jiàozuò ānjū-lèyè. Shìshìdàidài de láodòng

人民 都 ① 以 "耕者 有 其田, 居者 有 其屋" 作为 人生
rénmín dōu yǐ "gēngzhě yǒu qítián, jūzhě yǒu qíwū" zuòwéi rénshēng

的 梦想。
de mèngxiǎng.

从 20 世纪 50 年代 到 70 年代, 中国 城市 居民
Cóng èrshí shìjì wǔshí niándài dào qīshí niándài, Zhōngguó chéngshì jūmín

的 住房 都 是 由 政府 及 政府 所属 单位 分配 的。
de zhùfáng dōu shì yóu zhèngfǔ jí zhèngfǔ suǒshǔ dānwèi fēnpèi de.

政府 根据 干部 的 职位 高低 和 职工 的 工龄、岗位 来
Zhèngfǔ gēnjù gànbù de zhíwèi gāodī hé zhígōng de gōnglíng、gǎngwèi lái

决定 每 个 家庭 居所 的 房型 和 大小。普通 老百姓
juédìng měi ge jiātíng jūsuǒ de fángxíng hé dàxiǎo. Pǔtōng lǎobǎixìng

一般 都 是 住 在 胡同 里 的 平房, 没有 私人 卫生间。
yìbān dōu shì zhù zài hútòng li de píngfáng, méiyǒu sīrén wèishēngjiān.

改革 开放 以后, 政府 不再 分配 住房, 市民 需要 自己
Gǎigé kāifàng yǐhòu, zhèngfǔ bú zài fēnpèi zhùfáng, shìmín xūyào zìjǐ

掏钱 买 房 了。私人 房地产 公司 进入了 市场, 住宅
tāoqián mǎi fáng le. Sīrén fángdìchǎn gōngsī jìnrùle shìchǎng, zhùzhái

开发 ② 一 浪 高 过 一 浪。
kāifā yí làng gāo guò yí làng.

现在 中国 的 大中 城市, 高楼 大厦 比比皆是。就
Xiànzài Zhōngguó de dà-zhōng chéngshì, gāolóu dàshà bǐbǐjiēshì. Jiù

③ 连 小城市, 甚至 是 小镇, 也 矗立起 一 栋 又 一 栋
lián xiǎochéngshì, shènzhì shì xiǎozhèn, yě chùlìqǐ yí dòng yòu yí dòng

的 商品楼。在 这个 除旧迎新 的 过程 中, 无数 传统
de shāngpǐnlóu. Zài zhège chújiù-yíngxīn de guòchéng zhōng, wúshù chuántǒng

院落 和 老 胡同 被 推倒, 很多 古迹 被 拆除, 实在 令人
yuànluò hé lǎo hútòng bèi tuīdǎo, hěn duō gǔjì bèi chāichú, shízài lìngrén

扼腕叹息!
èwàn-tànxī!

如今城市居民大多住进了楼房,居住条件大大改善,私人卫生间已成为商品房的标配。然而住房仍然是一个举国关注的大问题。

房地产市场发展迅猛,房价也跟着水涨船高。如今,北京上海的房价已经超过了美国的房价,大部分低收入群体面对高楼④只能望洋兴叹。现在年轻人结婚的首要条件是要有自己的住房,上亿农民工的目标也是要在城市里拥有自己的房产,而这两部分人的收入在持续飙升的房价面前是微不足道的。一边是富人享受着豪宅别墅,另一边是普通人长年累月省吃俭用还买不起一套简单的住房,甚至要做一辈子的房奴。这种生活条件的巨大反差值得引起政府和社会的警觉。

- 豪宅 háozhái：豪邸
- 蜗居 wōjū：狭苦しい家
- 住房 zhùfáng：住宅、住まい
- 老话 lǎohuà：古い言葉、昔のこと
- 叫做～ jiàozuò～：～と呼ばれる、という
- 安居乐业 ānjū-lèyè：居所があり、好きな職業を持ち、生活を楽しんでいる
- 世世代代 shìshìdàidài：代々、何代も
- 劳动人民 láodòng rénmín：勤労者
- 以～作为… yǐ～zuòwéi…：～を…とする
- 耕者有其田 gēngzhě yǒu qítián：耕す者には土地を与える（孫文の三民主義の民生主義で述べられたことば）
- 居者有其屋 jūzhě yǒu qíwū：住みたい人には自分の家屋がある
- 单位 dānwèi：勤務先、所属先
- 分配 fēnpèi：分配する、分け与える
- 工龄 gōnglíng：勤続年数
- 房型 fángxíng：家の間取り
- 胡同 hútòng：路地、横町
- 平房 píngfáng：平屋
- 改革开放 gǎigé kāifàng：「経済改革、対外開放」の略
- 掏钱 tāoqián：お金を取り出す、お金を払う
- 房地产 fángdìchǎn：不動産
- 一浪高过一浪 yí làng gāo guò yí làng：つぎつぎに高い波がよせてくる
- 比比皆是 bǐbǐjiēshì：どれもこれも、どこにもある／いる
- 连～ lián～：～までも
- 甚至～ shènzhì～：～までも、～でさえも
- 矗立 chùlì：そびえ立っている
- 商品楼 shāngpǐnlóu：分譲ビル
- 除旧迎新 chújiù-yíngxīn：古いものを取り除き、新しいものを迎える
- 扼腕叹息 èwàn-tànxī：残念がって、ため息をつく
- 标配 biāopèi：標準装備
- 跟着 gēnzhe：したがって
- 水涨船高 shuǐzhǎng-chuángāo：水位が高くなれば船の高さもあがってくる、身を寄せている環境が変われば、自分もそれにつれてレベルが高くなっていく
- 望洋兴叹 wàngyáng-xīngtàn：大海の広大さを前にして自分の無力さを慨嘆する
- 飙升 biāoshēng：急上昇する
- 微不足道 wēibùzúdào：取るに足らない小さなこと
- 一边～一边… yìbiān～yìbiān…：一方では～、またもう一方では…
- 别墅 biéshù：別荘
- 长年累月 chángnián-lěiyuè：長い年月
- 省吃俭用 shěngchī-jiǎnyòng：倹約な生活をする
- 房奴 fángnú：住宅ローンの返済に苦しむ人
- 反差 fǎnchā：コントラスト、違い
- 值得～ zhíde～：～に値する
- 警觉 jǐngjué：警戒心

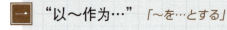

1 "以～作为…"「～を…とする」

1　他**以**"己所不欲，勿施于人"**为**自己的座右铭。
　　Tā yǐ "jǐsuǒbúyù, wùshīyúrén" wèi zìjǐ de zuòyòumíng.

2 运动员们**以**参加奥运会**作为**自己的锻炼目标。
   Yùndòngyuánmen yǐ cānjiā Àoyùnhuì zuòwéi zìjǐ de duànliàn mùbiāo.

3 我们都不愿意**以**赚钱**作为**人生的第一目标。
   Wǒmen dōu bú yuànyì yǐ zhuànqián zuòwéi rénshēng de dì-yī mùbiāo.

二 "一~一…"「~また…」

1 这个班的学生**一**个比**一**个优秀。
   Zhège bān de xuésheng yí ge bǐ yí ge yōuxiù.

2 当地人民的生活水平**一**年好过**一**年。
   Dāngdì rénmín de shēnghuó shuǐpíng yì nián hǎo guò yì nián.

3 他们在国际比赛中**一**次又**一**次获得世界冠军。
   Tāmen zài guójì bǐsài zhōng yí cì yòu yí cì huòdé shìjiè guànjūn.

三 "连~也…"「~まで(さえ)も…」

1 这样简单的问题**连**小学生**也**可以回答。
   Zhèyàng jiǎndān de wèntí lián xiǎoxuéshēng yě kěyǐ huídá.

2 这个活动非常重要，**连**一点错误**也**不能有。
   Zhège huódòng fēicháng zhòngyào, lián yìdiǎn cuòwù yě bù néng yǒu.

3 我今天特别忙，**连**吃饭的时间**也**没有。
   Wǒ jīntiān tèbié máng, lián chīfàn de shíjiān yě méiyǒu.

四 "只能~"「~するしかない」、「~でしかない」

1 不努力学习想得到好成绩，**只能**是空想。
   Bù nǔlì xuéxí xiǎng dédào hǎo chéngjì, zhǐnéng shì kōngxiǎng.

2 学了两年还没有学会，**只能**怪自己太笨。
   Xuéle liǎng nián hái méiyǒu xuéhuì, zhǐnéng guài zìjǐ tài bèn.

3 在没有法制的国家，人民**只能**提心吊胆过日子。
   Zài méiyǒu fǎzhì de guójiā, rénmín zhǐnéng tíxīn-diàodǎn guò rìzi.

練習問題

1 カッコ内に単語の発音をピンインで書きなさい。

(1) 単位（　　　　）　(2) 胡同（　　　　）　(3) 家庭（　　　　）
(4) 卫生间（　　　　）　(5) 分配（　　　　）　(6) 掏钱（　　　　）
(7) 开发（　　　　）　(8) 市场（　　　　）　(9) 房价（　　　　）
(10) 条件（　　　　）　(11) 收入（　　　　）　(12) 反差（　　　　）
(13) 持续（　　　　）　(14) 简单（　　　　）　(15) 警觉（　　　　）

2 次のピンインを簡体字に直し、日本語に訳しなさい。

(1) Dàbùfen dī shōurù qúntǐ miànduì gāolóu zhǐnéng wàngyáng-xīngtàn.

(2) Xiànzài Zhōngguó de dà-zhōng chéngshì, gāolóu dàshà bǐbǐjiēshì.

(3) Rújīn chéngshì jūmín dàduō zhùjìnle lóufáng.

(4) Rán'ér zhùfáng réngrán shì yí ge jǔguó guānzhù de dà wèntí.

3 次の語群から適当な語を選び、文を完成させなさい。

> 以　掏钱　迅猛　连　不再　跟着
> 又　作为

(1) 就　　　　小城市也矗立起一栋　　　　一栋的商品楼。

(2) 房地产市场发展　　　　，房价也　　　　水涨船高。

(3) 政府　　　　分配住房，市民需要自己　　　　买房了。

(4) 劳动人民都　　　　"耕者有其田，居者有其屋"　　　　人生的梦想。

4 次の日本語の意味になるように中国語を並べ替えなさい。

(1) 美国 的 已经 房价 了 的 北京 房价 超过
（日本語 北京の不動産価格はすでにアメリカの不動産価格を超えている。）

(2) 是 关注 举国 一个 的 大 住房 仍然 然而 问题
（日本語 しかしながら、住宅は依然として全国の人が注目する大きな問題である。）

(3) 扼腕叹息 院落 无数 老 和 推倒 胡同 被 令人 传统 实在
（日本語 数えきれないほどの塀で囲った伝統的な住宅や古い路地が壊され、実に嘆かわしい。）

(4) 结婚 的 有 住房 条件 年轻人 自己 是 的 要 首要
（日本語 若い人が結婚において一番重要な条件は自分の家を持っていることである。）

5 次の日本語を中国語に訳しなさい。

(1) 一般大衆は普通、路地の平屋に住み、個人のトイレはない。

(2) いま都市住民の多くは住宅用ビルに住むようになり、住宅条件は大いに改善された。

(3) 普通の人は長年倹約しても簡単な住宅が買えず、ひどい場合一生住宅ローンの奴隷になる。

(4) このような生活条件の大きな差は政府と社会の警戒心を引くに値する。

第 4 课 说不清楚的爱 —— 现代婚姻观

40年前的中国，大多数人认为结婚是一生中的大事，一辈子只有一次。而现在北上广的离婚率接近一半，中国人的婚姻观念发生了天翻地覆的变化。80后是离婚的主力军。他们绝大多数是独生子女，从小被娇生惯养，一切以自我为中心。婚后①稍有不顺心的时候，便一拍两散，以离婚收场。

当然，经济负担重也是离婚率逐年上升的一大原因。现在大城市房价高，年轻夫妻贷款买房，抚养孩子压力山大，男方支付的彩礼也越来越高。如果工作不稳定，双方父母再插手小两口的事物，很容易造成家庭破裂。

一些年轻人婚前过多考虑对方的经济条件，而没有看清各自的性格和精神层面，草率结婚，以至于婚后反悔的现象越来越多。

初級者には詳しいのにやさしいと評判です!!

元NHKテレビ・ラジオ講座講師
相原茂〈編著〉

中国語学習辞典
はじめての
新装版

見出し語数もちょうどよく「使いこなせる辞典」で

●B6変型判 ●776頁

オススメ4大ポイント
- 見出し語は拼音ローマ字順で引きやすい
- 文法、語法、類義語などのコラムも充実
- 大きな文字と2色刷りで中国語発音入門レッスン「動画音声付」
- 朝日出版社

『初級者に使いこなせる辞典』!!

WEB動画
中国語発音入門ビデオ
[快音]
収録時間43分
サーバーから視聴可能

わかりにくい日本人が基本中の基本となる中国語発音のコツやポイントを相原先生がバッチリ図解的に解説。「母音・子音・四声」な無理なく学べます。

音声DLアプリ
発音
中国語
[収録時間21分]

辞典音声講義付録に相原先生の準で懇切

「これだけ手帖」シリーズ 第1弾！
これだけ手帖 Koredake Books

超入門 カンタン中国語
陳淑梅 著

四六判/112頁/2色　ISBN978-4-255-01310-7　定価（本体1600円+税）

NHKテレビ中国語講師でおなじみの陳淑梅先生最新著

パターン学習で簡単に基礎が身につく!!

- カタカナ発音ルビ付き
- 15日間で速修完成
- 15の基本構文と、単語、フレーズ、応用センテンスの練習だけ
- 充実の基本フレーズ付録
- 音声DLあり

話してみたい 中国語必須フレーズ100
相原茂 著

オールカラー
音声無料アプリ付

- ネイティブがよく使うシンプルなフレーズを厳選！
- 応用センテンスへの展開で400フレーズ達成!!

丸暗記、推奨。

選抜！中国語単語 初級編
沈国威 編

A5変判/128頁/2色刷/赤シート付
ISBN978-4-255-01260-5　定価（本体2100円+税）
- 中検協会認定基準準拠
- 精選された初級単語748語
- 中国語検定4-4級合格対策として
- HSK1-2級合格対策として

選抜！中国語単語 中級編
沈国威 編

A5変判/144頁/2色刷/赤シート付
ISBN978-4-255-01261-2　定価（本体2100円+税）
- 中検協会認定基準準拠
- 精選された中級単語921語
- 中国語検定3-2級合格対策として
- HSK検定2-4級合格対策として

選抜！中国語単語 常用フレーズ編
相原茂　林屋啓子 編著

A5変判/272頁/2色刷　ISBN978-4-255-01262-9　定価（本体2500円+税）
- 日常的によく使う組み合わせ連語1120語
- コロケーションで暗記すれば定着率大幅アップ
- 穴埋めクイズ形式で確実に記憶に残る
- 作文のための語彙集としても便利です

- 使用場面を面白くかわいいイラストで再現
- ほっとする骨休めコラム[Mao's collection]
- 全頁オールカラーで見やすくわかりやすい
- アプリで音声ダウンロードが出来る(無料)

A5判／196頁／4色刷　ISBN978-4-255-01276-6
定価(本体2500円+税)

朝日出版社

〒101-0065　東京都千代田区西神田3-3-5　**URL**: http://text.asahipress.com/chinese/
TEL: 03-3263-3321　**FAX**: 03-5226-9599

注文書			
	新装版 はじめての中国語学習辞典	定価(本体2800円+税) ISBN978-4-255-01223-0	注文数　　冊
	中国語学習シソーラス辞典	定価(本体3800円+税) ISBN978-4-255-00993-3	注文数　　冊
	中国語類義語辞典	定価(本体4500円+税) ISBN978-4-255-00841-7	注文数　　冊
	カンタン中国語	定価(本体1600円+税) ISBN978-4-255-01310-7	注文数　　冊
	話してみたい中国語必須フレーズ100	定価(本体2500円+税) ISBN978-4-255-01276-6	注文数　　冊
	選抜！中国語単語 初級編	定価(本体2100円+税) ISBN978-4-255-01260-5	注文数　　冊
	選抜！中国語単語 中級編	定価(本体2100円+税) ISBN978-4-255-01261-2	注文数　　冊
	選抜！中国語単語 常用フレーズ編	定価(本体2500円+税) ISBN978-4-255-01262-9	注文数　　冊
お名前			書店印
ご住所		TEL	

必要事項をご記入のうえ、最寄りの書店へお申し込みください。

日本初の本格的類義語辞典

中国語類義語辞典

相原茂〈主編〉

- A5判 ●816頁
- 定価(本体4,500円+税)
- ISBN978-4-255-00841-7

中国語上達を目指すすべての人に!!

学生、教師、研究者必携の辞典!

日本語Index1400、中国語見出し11000語

中国語学習シソーラス辞典

相原茂〈編〉

- B6判 ●880頁
- 定価(本体3,800円+税)
- ISBN978-4-255-00993-3

日本語から引ける最詳の類語使い分け辞典です

(株)朝日出版社

如今，男人有小金库，女人有私房钱，②谁也不再离不开谁。一般家庭只有一个子女，血缘维系婚姻的纽带也脆弱了。更重要的是婚姻爱情观变了。今天的电影和流行歌曲在传播"这就是爱，说也说不清楚"。现在商品经济的价值观念渗入婚姻家庭，旧的③不去新的不来；不求天长地久，只要曾经拥有。婚外情已经司空见惯。

离婚的最大受害者是子女，它使孩子的心灵受到伤害，由此造成孩子的担忧感、不安全感、恐惧感也许永远无法医治。

④其实，幸福的婚姻不是没有问题的婚姻，而是善于解决问题的婚姻。婚姻是相互扶持、相互拯救、同船共渡；需要理解和宽容。夫妻从爱情到恩情的关系最牢固。

- 北上广 Běi-Shàng-Guǎng：中国で最も影響力のある都市北京，上海，広州を合わせた略称
- 天翻地覆 tiānfān-dìfù：天地がひっくり返る
- 80后 bālíng hòu：1980年以降に生まれた世代
- 娇生惯养 jiāoshēng-guànyǎng：甘やかされて育つ
- 以～为… yǐ~wéi…：～を…とする
- 顺心 shùnxīn：思いどおりにいく
- 一拍两散 yìpāi-liǎngsàn：たちまち分かれる
- 收场 shōuchǎng：結末を告げる
- 彩礼 cǎilǐ：結納の金品
- 贷款 dàikuǎn：融資、ローン
- 抚养 fǔyǎng：育てる
- 压力山大 yālì shān dà：亚力山大 yàlì shān dà（アレキサンダー）の発音から作られた「圧力は山のように大きい」というしゃれた言い方
- 插手 chāshǒu：介入する、手を出す
- 小两口 xiǎoliǎngkǒu：若夫婦、若い二人
- 破裂 pòliè：ひびが入る、決裂する
- 看清 kànqīng：はっきり見て取る
- 层面 céngmiàn：面、方面
- 草率 cǎoshuài：いい加減、そそっかしい
- 反悔 fǎnhuǐ：気が変わる、約束を破る
- 小金库 xiǎojīnkù：隠し金、へそくり
- 私房钱 sīfángqián：へそくり
- 维系 wéixì：関係を維持する
- 纽带 niǔdài：結びつけるもの、絆
- 价值观念 jiàzhí guānniàn：価値観
- 渗入 shènrù：しみ込む
- 婚外情 hūnwàiqíng：婚外恋愛、不倫
- 司空见惯 sīkōngjiànguàn：見慣れてしまうと少しも珍しくない
- 担忧感 dānyōugǎn：心配する気持ち、憂慮
- 扶持 fúchí：支える、扶助する
- 拯救 zhěngjiù：救助する、救い出す
- 同船共渡 tóngchuán-gòngdù：同じ船に乗り合わせる、運命共同体

学習ポイント

一 "稍有～便（就）…" 「ちょっと～で、…」

1. 如果行车速度过快，**稍有**疏忽**便**会造成严重事故。
   Rúguǒ xíngchē sùdù guò kuài, shāo yǒu shūhū biàn huì zàochéng yánzhòng shìgù.

2. 你身体**稍有**不舒服**就**不上班，公司不会信任你。
   Nǐ shēntǐ shāo yǒu bù shūfu jiù bú shàngbān, gōngsī bú huì xìnrèn nǐ.

3. 只要**稍有**常识**便**不会相信他的胡言乱语。
   Zhǐyào shāo yǒu chángshí biàn bú huì xiāngxìn tā de húyánluànyǔ.

二 "谁～谁（…）" 「～だれか（不特定な人）…だれか（不特定な人/別の不特定な人）」

1. 他们是第一次见面，**谁**也不认识**谁**。
   Tāmen shì dì-yī cì jiànmiàn, shéi yě bú rènshi shéi.

2. 这次活动是自由参加，**谁**愿意去**谁**去。
   Zhè cì huódòng shì zìyóu cānjiā, shéi yuànyì qù shéi qù.

3. 你们都有责任，**谁**也不要责备**谁**。
   Nǐmen dōu yǒu zérèn, shéi yě búyào zébèi shéi.

三 "不～（就）不…" 「～なければ、～ない」

1. 明天我一定去，咱们**不**见**不**散。
   Míngtiān wǒ yídìng qù, zánmen bújiànbúsàn.

2. 我一点儿都不担心，"**不**做亏心事，**不**怕鬼敲门"。
   Wǒ yìdiǎnr dōu bù dānxīn, "bú zuò kuīxīn shì, bú pà guǐ qiāomén".

3. 今天晚上，我**不**完成作业**就不**睡觉。
   Jīntiān wǎnshang, wǒ bù wánchéng zuòyè jiù bú shuìjiào.

四 "其实～" 「実は～」

1. 你说了很多好听的话，**其实**都是骗人的。
   Nǐ shuōle hěn duō hǎotīng de huà, qíshí dōu shì piànrén de.

2. 这个问题看起来很容易解决，**其实**有很多困难。
   Zhège wèntí kànqǐlái hěn róngyì jiějué, qíshí yǒu hěn duō kùnnan.

3. 他表面上对人很谦虚，**其实**非常傲慢。
   Tā biǎomiàn shang duì rén hěn qiānxū, qíshí fēicháng àomàn..

練習問題

1 カッコ内に単語の発音をピンインで書きなさい。

(1) 清楚（　　　）　(2) 离婚（　　　）　(3) 顺心（　　　）
(4) 贷款（　　　）　(5) 抚养（　　　）　(6) 彩礼（　　　）
(7) 稳定（　　　）　(8) 破裂（　　　）　(9) 反悔（　　　）
(10) 草率（　　　）　(11) 血缘（　　　）　(12) 流行（　　　）
(13) 心灵（　　　）　(14) 恐惧（　　　）　(15) 牢固（　　　）

2 次のピンインを簡体字に直し、日本語に訳しなさい。

(1) Zhōngguórén de hūnyīn guānniàn fāshēngle tiānfān-dìfù de biànhuà.

(2) Tāmen jué dàduōshù shì dúshēng zǐnǚ, yíqiè yǐ zìwǒ wéi zhōngxīn.

(3) Xiànzài dàchéngshì fángjià gāo, niánqīng fūqī fǔyǎng háizi yālì shān dà.

(4) Yìxiē niánqīngrén hūnqián guòduō kǎolǜ duìfāng de jīngjì tiáojiàn.

3 次の語群から適当な語を選び、文を完成させなさい。

> 从　不　只要　当然　也　便
> 稍有　到

(1) 婚后　　　不顺心的时候，　　　一拍两散，以离婚收场。

(2) 　　　，经济负担重　　　是离婚率逐年上升的一大原因。

(3) 旧的不去新的　　　来，不求天长地久，　　　曾经拥有。

(4) 婚姻是相互扶持，夫妻　　　爱情　　　恩情的关系最牢固。

4 次の日本語の意味になるように中国語を並べ替えなさい。

(1) 小两口　父母　插手　的　很　破裂　容易　造成　事物　家庭　双方　再
（日本語 双方の親がさらに若夫婦のことに介入すれば、簡単に家庭崩壊を招いてしまう。）

(2) 医治　造成　不安全感　由此　恐惧感　也许　无法　担忧感　孩子　永远　的
（日本語 これによってもたらされる子供の心配、不安感や恐怖感は永久に癒せないかもしれない。）

(3) 小金库　有　女人　有　谁　也　不再　谁　如今　男人　私房钱　离不开
（日本語 いまでは、男性には隠し金があり、女性にはへそくりがあるので、もはやお互いに離れられないことはない。）

(4) 一个　只有　维系　的　一般　纽带　血缘　脆弱　家庭　婚姻　子女　了　也
（日本語 普通の家庭には子供は一人しかいないので、血縁で婚姻関係を維持する絆も弱くなった。）

5 次の日本語を中国語に訳しなさい。

(1) 大部分の人は結婚は一生の大事だと思っている。

(2) 王さんは一人っ子で、小さいときから甘やかされて育った。

(3) 現在、商品経済の価値観はすでに結婚や家庭に浸透している。

(4) 実は幸せな結婚は問題のない結婚ではない。

中国人来了！—— 海外旅游

随着中国经济实力和国民生活水平的不断提高，国民出境旅游人数也急剧上升。现在中国每年出境旅游人数均超过一亿人次，位居全球第一。

中国人出境游的大规模增长有几个原因：①首先是城市中产阶层的收入持续增加；其次是很多企业家开始为员工提供奖励休假；第三是国内旅游存在很多局限性，例如车站、机场和景区人满为患，空气不佳等。

多数中国游客最想游览的国家有澳大利亚、日本、法国、美国、德国等发达国家。很多中老年人出国的目的除了了却自己多年的心愿，看看外面的世界，更多的是购物消费。

中国消费者已经②被认为是全球最挥金如土的买家。③预计到2020年中国的出境旅游将达到两亿人次，消费将攀升到2500亿美元左右。

大多数 出境 旅游 的 中国人 出手 阔绰，在 所有
Dàduōshù chūjìng lǚyóu de Zhōngguórén chūshǒu kuòchuò, zài suǒyǒu
海外 游客 中 排名 高居 第一。他们 喜爱 去 品牌店 购买
hǎiwài yóukè zhōng páimíng gāojū dì-yī. Tāmen xǐ'ài qù pǐnpáidiàn gòumǎi
国内 买不到 的 奢侈品。 中国 游客 在 日本 爱 买 保健
guónèi mǎibudào de shēchǐpǐn. Zhōngguó yóukè zài Rìběn ài mǎi bǎojiàn
药品，还有 化妆品、电器、马桶盖、剃须刀、美容仪 等
yàopǐn, háiyǒu huàzhuāngpǐn、diànqì、mǎtǒnggài、tìxūdāo、měiróngyí děng
生活 用品。
shēnghuó yòngpǐn.

令人 欣慰 的 是 越来越 多 的 年轻人 开始了 自助
Lìngrén xīnwèi de shì yuèláiyuè duō de niánqīngrén kāishǐle zìzhù
海外游。他们 "一 部 手机 游 天下"，不再 疯狂 血拼 奢侈品，
hǎiwàiyóu. Tāmen "yí bù shǒujī yóu tiānxià", bú zài fēngkuáng xuèpīn shēchǐpǐn,
而是 更 喜欢 深度 自由行。他们 把 更 多 的 时间 ④ 花 在
ér shì gèng xǐhuan shēndù zìyóuxíng. Tāmen bǎ gèng duō de shíjiān huā zài
了 美术馆 和 博物馆 里，用心 了解 各国 的 历史 和 文化。
le měishùguǎn hé bówùguǎn li, yòngxīn liǎojiě gèguó de lìshǐ hé wénhuà.

这个 地球上 最 庞大 的 人口 作为 游客 和 奢侈品
Zhège dìqiúshang zuì pángdà de rénkǒu zuòwéi yóukè hé shēchǐpǐn
买家，时常 地 涌向 世界 各地，将 会 给 当地 的 经济
mǎijiā, shícháng de yǒngxiàng shìjiè gèdì, jiāng huì gěi dāngdì de jīngjì
带来 巨大 的 影响。
dàilái jùdà de yǐngxiǎng.

語句

- 出境 chūjìng：出国する
- 位居～ wèijū~：～に位置する、ランクされる
- 员工 yuángōng：従業員
- 奖励 jiǎnglì：奨励（する）
- 休假 xiūjià：休暇を取る、休みを取る
- 局限性 júxiànxìng：限界
- 景区 jǐngqū：景勝地、観光地
- 人满为患 rénmǎn-wéihuàn：人が多すぎて問題が生じる
- 了却 liǎoquè：けりをつける
- 挥金如土 huījīn-rútǔ：金銭を湯水のように浪費する
- 人次 réncì：延べ人数
- 将～ jiāng~：まもなく～であろう
- 出手 chūshǒu：金を出す、金を使う
- 阔绰 kuòchuò：派手
- 排名 páimíng：（順位に）名を連ねる
- 高居～ gāojū~：～の高い位置を占める
- 奢侈品 shēchǐpǐn：贅沢品
- 保健药品 bǎojiàn yàopǐn：サプリメント
- 化妆品 huàzhuāngpǐn：化粧品
- 电器 diànqì：電気製品
- 马桶盖 mátǒnggài：便器カバー
- 剃须刀 tìxūdāo：かみそり、ひげ剃り
- 美容仪 měiróngyí：美容器具
- 欣慰 xīnwèi：喜び安心する
- 自助海外游 zìzhù hǎiwàiyóu：フリープランの海外旅行
- 血拼 xuèpīn：ショッピング（shoppingの音訳）
- 深度 shēndù：深さ、深み
- 自由行 zìyóuxíng：自由旅行
- 花 huā：つかう、消費する
- 庞大 pángdà：膨大である、巨大である
- 买家 mǎijiā：買い手、買い主
- 涌向 yǒngxiàng：殺到する

学習ポイント Point

一 "首先～，其次…"「まずは～、それから…」

1 要学好一种语言，**首先**要努力，**其次**要注意学习方法。
   Yào xuéhǎo yì zhǒng yǔyán, shǒuxiān yào nǔlì, qícì yào zhùyì xuéxí fāngfǎ.

2 畅销产品的条件**首先**是质量，**其次**价格也非常重要。
   Chàngxiāo chǎnpǐn de tiáojiàn shǒuxiān shì zhìliàng, qícì jiàgé yě fēicháng zhòngyào.

3 经济萧条的原因**首先**是政府的责任，**其次**是产业界对未来错误的预测。
   Jīngjì xiāotiáo de yuányīn shǒuxiān shì zhèngfǔ de zérèn, qícì shì chǎnyèjiè duì wèilái cuòwù de yùcè.

二 "被认为～" 「～であるとされる」

1. 他**被认为**是本世纪最有贡献的发明家。
   Tā bèi rènwéi shì běn shìjì zuì yǒu gòngxiàn de fāmíngjiā.

2. 自由发表批判政府的意见在有的国家**被认为**是犯罪。
   Zìyóu fābiǎo pīpàn zhèngfǔ de yìjiàn zài yǒude guójiā bèi rènwéi shì fànzuì.

3. 日本一直**被认为**是游客最向往的地方之一。
   Rìběn yìzhí bèi rènwéi shì yóukè zuì xiàngwǎng de dìfang zhī yī.

三 "预计～将…" 「～が…になると見られる」

1. **预计**几十年后电动车**将**淘汰汽油车和柴油车。
   Yùjì jǐ shí nián hòu diàndòngchē jiāng táotài qìyóuchē hé cháiyóuchē.

2. **预计**明天**将**有三十人参加这次会议。
   Yùjì míngtiān jiāng yǒu sānshí rén cānjiā zhè cì huìyì.

3. 今年的失业率**预计将**达到历史最高水平。
   Jīnnián de shīyèlǜ yùjì jiāng dádào lìshǐ zuì gāo shuǐpíng.

四 "在～" 「～に（で）」（動詞の後の前置詞句）

1. 他每月的工资不算少，但都花**在**自己的兴趣上了。
   Tā měi yuè de gōngzī bú suàn shǎo, dàn dōu huā zài zìjǐ de xìngqu shang le.

2. 周末我们常常聚**在**一起喝酒，聊天。
   Zhōumò wǒmen chángcháng jù zài yìqǐ hē jiǔ, liáotiān.

3. 课外活动当然重要，但学生应该把大部分精力用**在**学习上。
   Kèwài huódòng dāngrán zhòngyào, dàn xuésheng yīnggāi bǎ dàbùfen jīnglì yòng zài xuéxí shang.

練習問題

1 カッコ内に単語の発音をピンインで書きなさい。

(1) 出境（　　　　）　(2) 旅游（　　　　）　(3) 急剧（　　　　）
(4) 超过（　　　　）　(5) 机场（　　　　）　(6) 空气（　　　　）
(7) 国家（　　　　）　(8) 心愿（　　　　）　(9) 购物（　　　　）
(10) 消费（　　　　）　(11) 海外（　　　　）　(12) 品牌（　　　　）
(13) 奢侈（　　　　）　(14) 电器（　　　　）　(15) 血拼（　　　　）

2 次のピンインを簡体字に直し、日本語に訳しなさい。

(1) Shǒuxiān shì chéngshì zhōngchǎn jiēcéng de shōurù chíxù zēngjiā.

(2) Qícì shì hěn duō qǐyèjiā kāishǐ wèi yuángōng tígōng jiǎnglì xiūjià.

(3) Dì-sān shì guónèi lǚyóu cúnzài hěn duō júxiànxìng.

(4) Zhōngguó yóukè zài Rìběn ài mǎi bǎojiàn yàopǐn hé huàzhuāngpǐn.

3 次の語群から適当な語を選び、文を完成させなさい。

> 涌向　挥金如土　更多　除了　被　令人
> 越来越　将

(1) 很多中老年人出国的目的　　　　了却自己多年的心愿，　　　　的是购物消费。

(2) 中国消费者已经　　　　认为是全球　　　　的买家。

(3) 　　　　欣慰的是　　　　多的年轻人开始了自助海外游。

(4) 他们时常地　　　　世界各地，　　　　会给当地的经济带来巨大的影响。

4 次の日本語の意味になるように中国語を並べ替えなさい。

(1) 博物館里　更多　他们　花　了　美术馆　和　把　的　时间　在
（日本語 彼らはより多くの時間を美術館や博物館で費やしている。）

(2) 排名　旅游　所有　游客　大多数　海外　中　的　高居　第一　在　出境　出手阔绰　中国人
（日本語 大多数の海外旅行の中国人は金離れがよく、すべての海外旅行客の中で一位になっている。）

(3) 原因　增长　出境游　大规模　几个　中国人　的　有
（日本語 中国人の海外旅行が大きく増えたことにはいくつか理由がある。）

(4) 的　去　国内　他们　奢侈品　喜爱　购买　买不到　品牌店
（日本語 彼らはブランドショップへ行って国内で買えない贅沢品を買いたいのである。）

5 次の日本語を中国語に訳しなさい。

(1) いま中国で毎年海外旅行する人の数は世界一位を占めている。

(2) 中国の観光客は日本ではサプリメント、化粧品と電気製品などを買いたがっている。

(3) 益々多くの若者がフリープランの海外旅行を始めた。

(4) 彼らは各国の歴史や文化を理解しようと努力している。

全民玩儿手机 — 微信
Quánmín wánr shǒujī — Wēixìn

微信 是 腾讯 公司 推出 的 一 个 为 智能 终端
Wēixìn shì Téngxùn gōngsī tuīchū de yí ge wèi zhìnéng zhōngduān
提供 即时 通讯 服务 的 免费 应用 程序。人们 ①通过 网络
tígōng jíshí tōngxùn fúwù de miǎnfèi yìngyòng chéngxù. Rénmen tōngguò wǎngluò
可以 在 微信 这个 平台 上 快速 发送 语音、短信、视频、
kěyǐ zài Wēixìn zhège píngtái shang kuàisù fāsòng yǔyīn、duǎnxìn、shìpín、
图片 和 文字，还 可以 打 视频 电话，结交 新 朋友。
túpiàn hé wénzì, hái kěyǐ dǎ shìpín diànhuà, jiéjiāo xīn péngyou.

微信 已经 覆盖 中国 95% 以上 的 智能 手机，
Wēixìn yǐjīng fùgài Zhōngguó bǎi fēn zhī jiǔshíwǔ yǐshàng de zhìnéng shǒujī,
每 月 的 活跃 用户 达到 8 亿 以上，用户 覆盖 200 多
měi yuè de huóyuè yònghù dádào bāyì yǐshàng, yònghù fùgài èrbǎi duō
个 国家 和 20 多 种 语言。微信 已 成为 亚洲 地区
ge guójiā hé èrshí duō zhǒng yǔyán. Wēixìn yǐ chéngwéi Yàzhōu dìqū
最大 用户 群体 的 移动 即时 通讯 软件。微信 支付 用户
zuìdà yònghù qúntǐ de yídòng jíshí tōngxùn ruǎnjiàn. Wēixìn zhīfù yònghù
已 达到了 4 亿 左右，微信 营销 也 发展 迅猛。
yǐ dádàole sìyì zuǒyòu, Wēixìn yíngxiāo yě fāzhǎn xùnměng.

微信 提供 的 朋友圈 功能 现在 已经 成为 公众
Wēixìn tígōng de péngyouquān gōngnéng xiànzài yǐjīng chéngwéi gōngzhòng
交流 的 最大 平台。人们 可以 ②根据 自己 的 背景 和 兴趣
jiāoliú de zuìdà píngtái. Rénmen kěyǐ gēnjù zìjǐ de bèijǐng hé xìngqù
参加 中学 朋友圈、大学 朋友圈、同事 朋友圈、战友
cānjiā zhōngxué péngyouquān、dàxué péngyouquān、tóngshì péngyouquān、zhànyǒu
朋友圈、共同 爱好者 的 朋友圈 等等，将 自己 感兴趣
péngyouquān、gòngtóng àihàozhě de péngyouquān děngděng, jiāng zìjǐ gǎnxìngqù
的 信息 分享 给 微信 朋友圈，也 可以 在 朋友圈 中
de xìnxī fēnxiǎng gěi Wēixìn péngyouquān, yě kěyǐ zài péngyouquān zhōng
就 某 一 个 问题 展开 讨论。
jiù mǒu yí ge wèntí zhǎnkāi tǎolùn.

有的人 喜欢 争论；有的人 爱 晒 自己的 生活 照片；
有的人 会 发发 牢骚；还有的人会 筹集 资金；微信 成了
一个大家 共享 信息、发泄 情绪、寻求 理解、增进 友谊 的
空间 媒介。人们 的 生活 已经 和 微信 密不可分了。

现在，中国 政府 也 开通了 官方 微信，国务院
的 重要 政务 信息 将 ③第一 时间 通过 微博、微信 等
新媒体 形式，向 社会 公开。

微信 是 当下 最受 网民 喜欢，也是 最为 活跃 的
新型 网络 媒体。④与 其它 社交 工具 相比，微信 具有 用户
数量 庞大、发布 即时 快捷、裂变式 传播 等 特点。
这 也 使得 微信 成为 网民 获取 新闻 资讯、参与 交流
互动 的 重要 平台。

- 手机 shǒujī：携帯電話
- 微信 Wēixìn：WeChat
- 腾讯 Téngxùn：(Tencent) 中国のネット総合サービス会社
- 推出 tuīchū：世に出す
- 智能终端 zhìnéng zhōngduān：スマートデバイス
- 即时 jíshí：即時、リアルタイム
- 通讯 tōngxùn：通信
- 免费 miǎnfèi：無料
- 应用程序 yìngyòng chéngxù：アプリ
- 网络 wǎngluò：ネットワーク
- 平台 píngtái：プラットホーム
- 语音 yǔyīn：音声
- 短信 duǎnxìn：ショートメール
- 视频 shìpín：動画、ビデオ
- 结交 jiéjiāo：友人になる、交際する
- 覆盖 fùgài：カバーする
- 智能手机 zhìnéng shǒujī：スマートフォン
- 活跃用户 huóyuè yònghù：アクティブユーザー
- 群体 qúntǐ：グループ
- 移动 yídòng：移動、モバイル
- 即时通讯 jíshí tōngxùn：リアルタイム通信
- 软件 ruǎnjiàn：ソフトウェア
- 营销 yíngxiāo：マーケティング
- 迅猛 xùnměng：すさまじい
- 朋友圈 péngyouquān：友人グループ
- 公众交流 gōngzhòng jiāoliú：公衆通信
- 晒 shài：（SNSで写真などを）公開する、見せびらかす
- 发牢骚 fā láosao：愚痴をこぼす、不平不満を言う
- 筹集 chóují：調達する
- 共享 gòngxiǎng：共有する、シェアする
- 空间媒介 kōngjiān méijiè：空間メディア
- 密不可分 mì bù kě fēn：分けることができないほど密接である
- 政务 zhèngwù：行政上の事務、政務
- 第一时间 dì-yī shíjiān：真っ先に
- 社交工具 shèjiāo gōngjù：コミュニケーションツール
- 快捷 kuàijié：スピーディー
- 裂变式 lièbiànshì：核分裂型、急激に分裂・変化する式
- 传播 chuánbō：伝播する、広がる
- 资讯 zīxùn：情報
- 交流互动 jiāoliú hùdòng：相互にコミュニケーションを図る

学習ポイント

"通过～"　「～通して」

1. **通过**跟他的交往，我更加尊敬他了。
   Tōngguò gēn tā de jiāowǎng, wǒ gèngjiā zūnjìng tā le.

2. 现在大部分人都是**通过**手机上网的。
   Xiànzài dàbùfen rén dōu shì tōngguò shǒujī shàngwǎng de.

3. **通过**两国首脑的互访，两国关系得到了改善。
   Tōngguò liǎng guó shǒunǎo de hùfǎng, liǎng guó guānxì dédàole gǎishàn.

二 "根据～"「～に基づいて」

1. 这部电影是**根据**一个真实的故事制作的。
   Zhè bù diànyǐng shì gēnjù yí ge zhēnshí de gùshi zhìzuò de.

2. 我们可以**根据**树的年轮计算出它的年龄。
   Wǒmen kěyǐ gēnjù shù de niánlún jìsuàn chū tā de niánlíng.

3. **根据**她的脸色判断，她对这件事非常不满。
   Gēnjù tā de liǎnsè pànduàn, tā duì zhè jiàn shì fēicháng bùmǎn.

三 "第一时间～"「真っ先に～」

1. 接到报警电话后，消防车**第一时间**就赶到了火灾现场。
   Jiēdào bàojǐng diànhuà hòu, xiāofángchē dì-yī shíjiān jiù gǎndàole huǒzāi xiànchǎng.

2. 渔船扣押事件发生后，外交部**第一时间**发表声明表示抗议。
   Yúchuán kòuyā shìjiàn fāshēng hòu, wàijiāobù dì-yī shíjiān fābiǎo shēngmíng biǎoshì kàngyì.

3. 如果发生特殊情况，我会**第一时间**打电话通知你。
   Rúguǒ fāshēng tèshū qíngkuàng, wǒ huì dì-yī shíjiān dǎ diànhuà tōngzhī nǐ.

四 "与～相比…"「～に比べて」

1. 中国现在的经济力量**与**改革开放以前**相比**有天壤之别。
   Zhōngguó xiànzài de jīngjì lìliang yǔ gǎigé kāifàng yǐqián xiāngbǐ yǒu tiānrǎngzhībié.

2. **与**三年级的学生**相比**，我们都显得非常幼稚。
   Yǔ sān niánjí de xuésheng xiāngbǐ, wǒmen dōu xiǎnde fēicháng yòuzhì.

3. **与**去年**相比**，他已经成熟多了。
   Yǔ qùnián xiāngbǐ, tā yǐjīng chéngshú duō le.

練習問題

1 カッコ内に単語の発音をピンインで書きなさい。

(1) 微信（　　　　）　(2) 即时（　　　　）　(3) 应用（　　　　）
(4) 智能（　　　　）　(5) 覆盖（　　　　）　(6) 活跃（　　　　）
(7) 亚洲（　　　　）　(8) 软件（　　　　）　(9) 交流（　　　　）
(10) 背景（　　　　）　(11) 兴趣（　　　　）　(12) 讨论（　　　　）
(13) 照片（　　　　）　(14) 资金（　　　　）　(15) 友谊（　　　　）

2 次のピンインを簡体字に直し、日本語に訳しなさい。

(1) Rénmen de shēnghuó yǐjīng hé Wēixìn mì bù kě fēn le.

(2) Tōngguò wǎngluò kěyǐ fāsòng yǔyīn、duǎnxìn、shìpín、túpiàn hé wénzì.

(3) Yǒude rén xǐhuan zhēnglùn, yǒude rén ài shài zìjǐ de shēnghuó zhàopiàn.

(4) Hái kěyǐ dǎ shìpín diànhuà, jiéjiāo xīn péngyou.

3 次の語群から適当な語を選び、文を完成させなさい。

> 根据　平台　活跃　智能　免费　覆盖
> 通过　兴趣

(1) 已经_____中国95％以上的智能手机，每月的_____用户达到8亿以上。

(2) 微信是一个为_____终端提供即时通讯服务的_____应用程序。

(3) 人们_____网络可以在微信这个_____上快速发送语音和短信。

(4) 用户可以_____自己的背景和_____参加各种各样的朋友圈。

4 次の日本語の意味になるように中国語を並べ替えなさい。

(1) 用户 已 了 4亿 也 发展 左右 达到 微信 微信营销 迅猛
（日本語 微信（WeChat）のユーザーはすでに4億人ほどになり、微信マーケティングも迅速に発展している。）

(2) 微信 现在 也 了 官方 中国政府 开通
（日本語 現在では、中国政府も公式の微信を開設している。）

(3) 是 受 为 的 微信 媒体 网络 新型 活跃 网民 最 是 也 喜欢 最 当下
（日本語 微信は目下最もネットユーザーに愛され、最もアクティブでもある新しいタイプのネットメディアだ。）

(4) 朋友圈 中 问题 一个 某 展开 讨论 在 就 可以
（日本語 友人グループの中で、ある問題について討論を展開することができる。）

5 次の日本語を中国語に訳しなさい。

(1) 微信はすでに中国の95％以上のスマホで使われている（カバーしている）。

(2) 微信はみんなが情報を共有し、友情を深めるメディアとなっている。

(3) 議論の好きな人もいれば、自分のプライベート写真を披露したがる人もいる。

(4) 文句を言う人もいるし、ほかに資金を集める人もいる。

第 7 课 牛仔服与唐装——服装的变革
Dì qī kè　　Niúzǎifú yǔ tángzhuāng —— fúzhuāng de biàngé

中国 历来 有 "衣冠 之 邦" 的 美誉，其 悠久 的 历史
Zhōngguó lìlái yǒu "yīguān zhī bāng" de měiyù, qí yōujiǔ de lìshǐ

和 社会 的 动荡 深深 地 影响了 中国 近代 和 当代 的
hé shèhuì de dòngdàng shēnshēn de yǐngxiǎngle Zhōngguó jìndài hé dāngdài de

服装 变革。
fúzhuāng biàngé.

清朝 的 时候，中国人 穿 的 衣服 叫 "旗装"。这 是
Qīngcháo de shíhou, Zhōngguórén chuān de yīfu jiào "qízhuāng". Zhè shì

一 种 具有 满汉 风格 的 服装，①以 长袍 马褂、旗袍 宽裙
yì zhǒng jùyǒu Mǎn-Hàn fēnggé de fúzhuāng, yǐ chángpáo mǎguà, qípáo kuānqún

为主。清朝 被 推翻 以后，科学 与 民主 的 思想 传入了
wéizhǔ. Qīngcháo bèi tuīfān yǐhòu, kēxué yǔ mínzhǔ de sīxiǎng chuánrùle

中国，人们 的 穿着 也 带有了 西方 的 色彩。有 穿
Zhōngguó, rénmen de chuānzhuó yě dàiyǒule Xīfāng de sècǎi. Yǒu chuān

长袍 旗装 的，也 有 穿 中山装 和 西服 的，女性
chángpáo qízhuāng de, yě yǒu chuān zhōngshānzhuāng hé xīfú de, nǚxìng

旗袍 也 ②更加 贴身。
qípáo yě gèngjiā tiēshēn.

50 年代 的 中国 服装 受到了 苏俄 的 影响，
Wǔshí niándài de Zhōngguó fúzhuāng shòudàole Sū-É de yǐngxiǎng,

列宁装 和 布拉吉 在 城市 十分 流行。到了 60 年代，
lièníngzhuāng hé bùlājí zài chéngshì shífēn liúxíng. Dàole liùshí niándài,

文化 大革命 带来了 服装 的 统一化。放眼 望去，街上
Wénhuà dàgémìng dàiláile fúzhuāng de tǒngyīhuà. Fàngyǎn wàngqù, jiēshàng

到处 是 绿色、蓝色、灰色 和 黑色 的 海洋。服装 千篇一律，
dàochù shì lǜsè, lánsè, huīsè hé hēisè de hǎiyáng. Fúzhuāng qiānpiān-yílǜ,

③不论 男女 老少 都 穿 军装 或 中山装。
búlùn nánnǚ lǎoshào dōu chuān jūnzhuāng huò zhōngshānzhuāng.

改革 开放 ④以来，中国人 追求 美 的 意识 逐渐 苏醒，
Gǎigé kāifàng yǐlái, Zhōngguórén zhuīqiú měi de yìshí zhújiàn sūxǐng,

服装的变化日新月异。从80年代的红裙子、喇叭裤到90年代的牛仔裤、文化衫;城市年轻人引领了时装的新潮流。

进入21世纪以来,人们的穿着更加时尚化、个性化。大胆暴露的超短裙、剪裁合体的职业装、紧身塑腰的健美裤、张扬自我的休闲装、复古优雅的汉唐风,服装种类应有尽有;服装风格随心所欲。服装模特已成为一种时髦的职业。

服装是一面镜子,不仅体现了人们的身份和地位,而且也反映了中国绚丽多彩的文化和政治、经济发展的变化。服饰也是文化的象征符号。牛仔服和唐装并存的现象体现了西方文化和中国传统文化的碰撞交织,是当今中国社会文化变迁的生动写照。

語句

- 牛仔服 niúzǎifú：カウボーイ服
- 唐装 tángzhuāng：チャイナ服、中国の伝統的な民族衣装をアレンジしたファッション
- 衣冠 yīguān：衣服と冠、身なり、服装
- 旗装 qízhuāng：昔の満州族女性の服
- 满汉 Mǎn-Hàn：満州族と漢民族
- 长袍 chángpáo：男性用の長い中国服
- 马褂 mǎguà：男性用の短い伝統的な中国服の上着
- 旗袍 qípáo：ワンピースの中国服、チャイナドレス
- 宽裙 kuānqún：ゆるいスカート
- 中山装 zhōngshānzhuāng：男子の中国式礼装
- 苏俄 Sū-É：ソビエト時代のロシア
- 列宁装 lièníngzhuāng：レーニンが着ていたと言われる服装で，中国では女性用の上着としてデザインされたもの
- 布拉吉 bùlājí：袖付ワンピース
- 放眼 fàngyǎn：目を向ける
- 不论~都… búlùn~dōu…：たとえ~でもみな…
- 军装 jūnzhuāng：軍服
- 日新月异 rìxīn-yuèyì：日進月歩
- 裙子 qúnzi：スカート
- 喇叭裤 lǎbakù：ベルボトム、パンタロン
- 牛仔裤 niúzǎikù：ジーパン
- 文化衫 wénhuàshān：（文字や図案がプリントされた）Tシャツ
- 引领 yǐnlǐng：リードする
- 时装 shízhuāng：流行の服装、ファッション
- 紧身塑腰 jǐnshēn sùyāo：体の曲線にぴったりする
- 健美裤 jiànměikù：フィットネスパンツ、スパッツ
- 休闲装 xiūxiánzhuāng：カジュアルウェア
- 汉唐 Hàn-Táng：漢代や唐代
- 应有尽有 yīngyǒu-jìnyǒu：必要なものはすべてそろっている
- 随心所欲 suíxīnsuǒyù：ほしいままに振る舞う
- 服装模特 fúzhuāng mótè：ファッションモデル
- 时髦 shímáo：モダンである、流行している
- 绚丽 xuànlì：きらびやかで美しい
- 碰撞 pèngzhuàng：ぶつかる、衝突する
- 交织 jiāozhī：入り交じる
- 写照 xiězhào：写実

学習ポイント

一 "以~为主"「~を主とする」

1. 我们应该**以**自主创新**为主**，不提倡太多模仿国外。
   Wǒmen yīnggāi yǐ zìzhǔ chuàngxīn wéizhǔ, bù tíchàng tài duō mófǎng guówài.

2. 世界经济形势不好，我们要**以**发展国内市场**为主**。
   Shìjiè jīngjì xíngshì bù hǎo, wǒmen yào yǐ fāzhǎn guónèi shìchǎng wéizhǔ.

3. 为了减肥，她现在吃东西**以**蔬菜**为主**，很少吃肉。
   Wèile jiǎnféi, tā xiànzài chī dōngxi yǐ shūcài wéizhǔ, hěn shǎo chī ròu.

二 "更加～" 「さらに～」

1. 过了成人节，她变得**更加**美丽了。
   Guòle chéngrénjié, tā biànde gèngjiā měilì le.

2. 进入新世纪，这个城市的道路**更加**宽阔了。
   Jìnrù xīnshìjì, zhège chéngshì de dàolù gèngjiā kuānkuò le.

3. 被公司开除以后，他的脾气**更加**急躁了。
   Bèi gōngsī kāichú yǐhòu, tā de píqi gèngjiā jízào le.

三 "不论～（都）…" 「たとえ～でも…」

1. 我今天没有事，**不论**等多久，**都**没关系。
   Wǒ jīntiān méiyǒu shì, búlùn děng duō jiǔ, dōu méi guānxi.

2. **不论**你有多少钱，**都**吸引不了我。
   Búlùn nǐ yǒu duōshao qián, dōu xīyǐn bù liǎo wǒ.

3. **不论**文章长短，只要内容精彩就是好文章。
   Búlùn wénzhāng chángduǎn, zhǐyào nèiróng jīngcǎi jiùshì hǎo wénzhāng.

四 "～以来" 「～以来」

1. 20世纪80年代**以来**，人们的生活条件越来越好。
   Èrshí shìjì bāshí niándài yǐlái, rénmen de shēnghuó tiáojiàn yuèláiyuè hǎo.

2. 有生**以来**，我没有向别人借过钱。
   Yǒu shēng yǐlái, wǒ méiyǒu xiàng biéren jièguo qián.

3. 听说他们结婚**以来**，从来没有吵过架。
   Tīngshuō tāmen jiéhūn yǐlái, cónglái méiyǒu chǎoguo jià.

練習問題

1 カッコ内に単語の発音をピンインで書きなさい。

(1) 历来（　　　　）　(2) 悠久（　　　　）　(3) 服装（　　　　）
(4) 推翻（　　　　）　(5) 科学（　　　　）　(6) 民主（　　　　）
(7) 文化（　　　　）　(8) 黑色（　　　　）　(9) 追求（　　　　）
(10) 意识（　　　　）　(11) 潮流（　　　　）　(12) 职业（　　　　）
(13) 优雅（　　　　）　(14) 服装（　　　　）　(15) 变迁（　　　　）

2 次のピンインを簡体字に直し、日本語に訳しなさい。

(1) Qīngcháo de shíhou, Zhōngguórén chuānde yīfu jiào "qízhuāng".

(2) Rénmen de chuānzhuó yě dàiyǒule Xīfāng de sècǎi.

(3) Zhōngguórén zhuīqiú měide yìshi zhújiàn sūxǐng le.

(4) Búlùn nánnǚ lǎoshào dōu chuān jūnzhuāng huò zhōngshānzhuāng.

3 次の語群から適当な語を選び、文を完成させなさい。

> 城市　悠久　被　以来　更加
> 影响　时装　以后

(1) 进入21世纪　　　　　，人们的穿着　　　　　时尚化，个性化。

(2) 清朝　　　　推翻　　　　，科学与民主的思想传入了中国。

(3) 其　　　　的历史和社会的动荡深深地　　　　了中国近代和当代的服装变革。

(4) 　　　　年轻人引领了　　　　的新潮流。

4 次の日本語の意味になるように中国語を並べ替えなさい。

(1) 统一化 到 带来 服装 60年代 文化大革命 了 的 了
（日本語 60年代になって文化大革命が服装の統一をもたらした。）

(2) 模特 时髦 职业 已 一种 成为 服装 的
（日本語 ファッションモデルがすでに人気の職業となっている。）

(3) 是 文化 生动 这 中国 的 当今 写照 变迁 社会
（日本語 これはいまの中国の社会と文化の変遷の生き生きとした写しである。）

(4) 反映 的 和 经济 变化 多彩 政治 发展 绚丽 文化 了 的 中国
（日本語 中国の絢爛で多彩な文化と政治や経済発展の変化を反映している。）

5 次の日本語を中国語に訳しなさい。

(1) 人々の身なりが更にファッショナブルになり、個性化した。

(2) 50年代の中国の服装はソビエト時代のロシアの影響を受けたものである。

(3) 中国は昔から「身なりの国」と讃えられていた。

(4) 服装にはあらゆる種類のものがあり、服装のスタイルは思うがままである。

第 8 课 一江春水向西流 —— 移民

中国改革开放已近四十年。这期间中国经济高歌猛进，成就了迅速壮大的中产阶级和富人阶层。但是近年来富人群体和知识精英却①犹如潮水般移民海外。现在，中国已成为世界上最大的移民输出国。中国海外侨胞的数量已超过4500万，绝对数量稳居世界第一。

②据70%的中国被访者反映，腐败、不公平、特权、重税、高房价、环境污染、子女教育、食品安全、医疗水平等因素是他们移民的主要原因。很多富人是要通过移民③尽量保护自己的财富。

北美成为中国中产阶级和富豪移民的主要集中地，其次是欧洲和澳洲。人们认为这些地方有良好的教育资源和自然环境，还有相对公平的社会制度与创业机会。

中国近些年移民潮的主体，主要有四部分。一是

留学生 结束 学业 后 ④先 在 国外 就业，随后 移民 的。二 是 企业家、高级 管理者 和 技术 精英。这 一 群体 的 显著 特点 是 以 投资 移民 和 技术 移民 为主，而且 大部分 人 在 移民 之后，仍旧 会 在 中国 继续 发展。三 是 演艺界 明星。他们 最 显著 的 特点 是 移民 后，绝 大多数 人 的 事业 还 在 中国。四 是 腐败 官员 及其 家属。

富人 移民 潮 带走了 巨额 财富，人力 资本 也 在 大量 流出。但 这是 全球化 时代 出现 的 必然 现象，也 体现了 中国 对外 开放 的 气魄。如果 中国 能够 改善 自己 的 自然 和 社会 环境，并 实施 有利 于 海外 投资 和 华侨 回归 的 政策，财富 和 人才 的 回流 也 是 可以 预见 的。从 长远 看，移民 对 中国 的 建设 发展 与 对外 交流 会 带来 不可 估量 的 好处。

- □ **一江春水向西流** yìjiāng chūnshuǐ xiàng xī liú：古代の詩句〈一江春水向东流〉「滔々たる長江の水が東へ流れる」を少し変えた言い方
- □ **高歌猛进** gāogē-měngjìn：高らかに歌いながら勇ましく前進する
- □ **中产阶级** zhōngchǎn jiējí：中産階級
- □ **富人** fùrén：富める人、金持ちの人
- □ **精英** jīngyīng：エリート
- □ **稳居～** wěnjū：～をつねに占める
- □ **北美** Běiměi：北米
- □ **结束** jiéshù：終わる、終了する
- □ **高级管理者** gāojí guǎnlǐzhě：上級管理職
- □ **技术精英** jìshù jīngyīng：技術エリート
- □ **演艺界** yǎnyìjiè：芸能界
- □ **明星** míngxīng：スター
- □ **不可估量** bùkě gūliang：計り知れない
- □ **好处** hǎochù：プラスになる点、メリット

学習ポイント

一 "犹如～"「まるで～のよう」

1 平静的湖面**犹如**一面镜子照出了我的身影。
  Píngjìng de húmiàn yóurú yí miàn jìngzi zhàochūle wǒ de shēnyǐng.

2 这件事**犹如**晴天霹雳，让我震惊不已。
  Zhè jiàn shì yóurú qíngtiān-pīlì, ràng wǒ zhènjīng bùyǐ.

3 他的话**犹如**一阵春风，温暖了我的心。
  Tā de huà yóurú yí zhèn chūnfēng, wēnnuǎnle wǒ de xīn.

二 "据〜"「〜によれば」

1. **据**朝日新闻报道，今明两天会有大雨。
   Jù Zhāorì xīnwén bàodào, jīn-míng liǎng tiān huì yǒu dàyǔ.

2. **据**有关人士透露，房价有可能继续上升。
   Jù yǒuguān rénshì tòulù, fángjià yǒu kěnéng jìxù shàngshēng.

3. **据**专家分析，这次地震的原因极其复杂。
   Jù zhuānjiā fēnxī, zhè cì dìzhèn de yuányīn jíqí fùzá.

三 "尽量〜"「できるだけ〜」

1. 我下决心**尽量**努力把这件事做好。
   Wǒ xià juéxīn jǐnliàng nǔlì bǎ zhè jiàn shì zuòhǎo.

2. 为了做好工作，希望大家**尽量**互相理解。
   Wèile zuòhǎo gōngzuò, xīwàng dàjiā jǐnliàng hùxiāng lǐjiě.

3. 父母一直教育我，**尽量**不要给别人添麻烦。
   Fùmǔ yìzhí jiàoyù wǒ, jǐnliàng búyào gěi biéren tiān máfan.

四 "先〜随后…"「まず〜すぐあとから…」

1. 我还有点儿事，你**先**走，我**随后**就到。
   Wǒ hái yǒudiǎnr shì, nǐ xiān zǒu, wǒ suíhòu jiù dào.

2. 你**先**拿走这个手机，后边的货**随后**就来。
   Nǐ xiān názǒu zhège shǒujī, hòubian de huò suíhòu jiù lái.

3. 你们**先**吃这些菜，别的菜**随后**就会上来。
   Nǐmen xiān chī zhèxiē cài, biéde cài suíhòu jiù huì shànglai.

練習問題

1 カッコ内に単語の発音をピンインで書きなさい。

(1) 富人（　　　　）　(2) 群体（　　　　）　(3) 知识（　　　　）
(4) 精英（　　　　）　(5) 犹如（　　　　）　(6) 移民（　　　　）
(7) 腐败（　　　　）　(8) 特权（　　　　）　(9) 环境（　　　　）
(10) 尽量（　　　　）　(11) 富豪（　　　　）　(12) 欧洲（　　　　）
(13) 创业（　　　　）　(14) 高级（　　　　）　(15) 显著（　　　　）

2 次のピンインを簡体字に直し、日本語に訳しなさい。

(1) Fùrén qúntǐ hé zhīshi jīngyīng rú cháoshuǐ bān yímín hǎiwài.

(2) Hěn duō fùrén shì yào tōngguò yímín jǐnliàng bǎohù zìjǐ de cáifù.

(3) Zhè yì qúntǐ de xiǎnzhù tèdiǎn shì yǐ tóuzī yímín hé jìshù yímín wéizhǔ.

(4) Běiměi chéngwéi xiànzài fùrén yímín de zhǔyào jízhōng dì.

3 次の語群から適当な語を選び、文を完成させなさい。

> 其次　还　成为　必然　体现　显著
> 阶级　高歌

(1) 这期间中国经济＿＿＿＿猛进，成就了迅速壮大的中产＿＿＿＿和富人阶层。

(2) 北美＿＿＿＿中国中产阶级和富豪移民的主要集中地，＿＿＿＿是欧洲和澳洲。

(3) 演艺界明星最＿＿＿＿的特点是移民后，绝大多数人的事业＿＿＿＿在中国。

(4) 这是全球化时代出现的＿＿＿＿现象，也＿＿＿＿了中国对外开放的气魄。

4 次の日本語の意味になるように中国語を並べ替えなさい。

(1) 国　成为　的　移民　已　中国　现在　输出　世界上　最大
（日本語 いま中国はすでに世界最大の移民輸出国となっている。）

(2) 留学生　一　后　先　在　就业　随后　移民　的　是　国外　学业　结束
（日本語 一つは留学生が学業を終えた後、まず外国で就職し、すぐ後に移民するのである。）

(3) 在　会　在　仍旧　之后　人　继续　大部分　移民　中国　发展
（日本語 大部分の人は移民した後も、依然として中国で発展しつづける。）

(4) 好处　中国　的　对　不可估量　建设　的　移民　带来　交流　对外　发展　与　会
（日本語 移民は中国の建設・発展や対外交流にとって計りしれないメリットをもたらすだろう。）

5 次の日本語を中国語に訳しなさい。

(1) このグループの顕著な特徴は投資移民と技術移民とが主であるということだ。

(2) これらのところは、相対的に公平な社会制度と創業のチャンスがあることである。

(3) 人材、資本が大量に流出することはグローバル化時代に現れる必然的な現象である。

(4) 長い目でみれば将来富と人材の回帰も予見できるものである。

語彙索引

A

爱人	àiren	1
安居乐业	ānjū-lèyè	3
按票	àn piào	2

B

80后	bālíng hòu	4
保健药品	bǎojiàn yàopǐn	5
北美	Běiměi	8
北上广	Běi-Shàng-Guǎng	4
标配	biāopèi	3
飙升	biāoshēng	3
比比皆是	bǐbǐjiēshì	3
比如	bǐrú	1
别墅	biéshù	3
不论~都…	búlùn~dōu…	7
不仅~而且…	bùjǐn~érqiě…	2
不可估量	bùkě gūliang	8
布拉吉	bùlājí	7

C

彩礼	cǎilǐ	4
餐桌	cānzhuō	2
草率	cǎoshuài	4
层面	céngmiàn	4
插手	chāshǒu	4
长年累月	chángnián-lěiyuè	3
长袍	chángpáo	7
称呼	chēnghu	1
吃上	chīshàng	2
持续	chíxù	2
筹集	chóují	6
出境	chūjìng	5
出手	chūshǒu	5
除旧迎新	chújiù-yíngxīn	3
矗立	chùlì	3
传播	chuánbō	6
粗粮	cūliáng	2

D

搭配	dāpèi	2
大白菜	dàbáicài	2
大吃大喝	dàchī dàhē	2
大街小巷	dàjiē xiǎoxiàng	2
贷款	dàikuǎn	4
单位	dānwèi	3
担忧感	dānyōugǎn	4
档次	dàngcì	2
第一时间	dì-yī shíjiān	6
电器	diànqì	5
定量供应	dìngliàng gōngyìng	2
豆浆	dòujiāng	2
短信	duǎnxìn	6
顿	dùn	2

E

扼腕叹息	èwàn-tànxī	3

F

发牢骚	fā láosao	6
房地产	fángdìchǎn	3
房奴	fángnú	3
房型	fángxíng	3
反差	fǎnchā	3
反悔	fǎnhuǐ	4
放眼	fàngyǎn	7
纷纷	fēnfēn	2
分配	fēnpèi	3
扶持	fúchí	4
服务人员	fúwù rényuán	1
服装模特	fúzhuāng mótè	7
抚养	fǔyǎng	4
覆盖	fùgài	6

富人	fùrén	8		将~	jiāng~	5
				奖励	jiǎnglì	5
G				交流互动	jiāoliú hùdòng	6
改革开放	gǎigé kāifàng	3		娇生惯养	jiāoshēng-guànyǎng	4
高歌猛进	gāogē-měngjìn	8		交织	jiāozhī	7
高级管理者	gāojí guǎnlǐzhě	8		叫做~	jiàozuò~	3
高居~	gāojū~	5		结构	jiégòu	2
各级领导	gè jí lǐngdǎo	1		结交	jiéjiāo	6
各种各样	gèzhǒng gèyàng	1		结束	jiéshù	8
跟着	gēnzhe	3		津津乐道	jīnjīnlèdào	2
耕者有其田	gēngzhě yǒu qítián	3		紧身塑腰	jǐnshēn sùyāo	7
工龄	gōnglíng	3		精英	jīngyīng	8
公众交流	gōngzhòng jiāoliú	6		警觉	jǐngjué	3
工作者	gōngzuòzhě	1		景区	jǐngqū	5
共享	gòngxiǎng	6		居者有其屋	jūzhě yǒu qíwū	3
古董鉴赏家	gǔdǒngjiànshǎngjiā	1		就餐	jiùcān	2
				军装	jūnzhuāng	7
H				局限性	júxiànxìng	5
含义	hányì	1				
汉唐	Hàn-Táng	7		**K**		
豪宅	háozhái	3		看清	kànqīng	4
好处	hǎochù	8		可能	kěnéng	1
胡同	hútòng	3		空间媒介	kōngjiān méijiè	6
互相	hùxiāng	1		快餐	kuàicān	2
花	huā	5		快捷	kuàijié	6
化妆品	huàzhuāngpǐn	5		宽裙	kuānqún	7
挥金如土	huījīn-rútǔ	5		匮乏	kuìfá	2
荤素	hūn-sù	2		阔绰	kuòchuò	5
婚外情	hūnwàiqíng	4				
活跃用户	huóyuè yònghù	6		**L**		
				喇叭裤	lǎbakù	7
J				劳动人民	láodòng rénmín	3
几乎	jīhū	1		老百姓	lǎobǎixìng	2
鸡鸭鱼肉	jī-yā-yú-ròu	2		老板	lǎobǎn	1
即时	jíshí	6		老公	lǎogōng	1
即时通讯	jíshí tōngxùn	6		老话	lǎohuà	3
技术精英	jìshù jīngyīng	8		老婆	lǎopo	1
价值观念	jiàzhí guānniàn	4		连~	lián~	3
简短	jiǎnduǎn	1		粮食	liángshi	1
健美裤	jiànměikù	7				

了却	liǎoquè	5
裂变式	lièbiànshì	6
列宁装	lièníngzhuāng	7
萝卜	luóbo	2

M

马桶盖	mǎtǒnggài	5
马褂	mǎguà	7
买家	mǎijiā	5
满汉	Mǎn-Hàn	7
美容仪	měiróngyí	5
密不可分	mì bù kě fēn	6
免费	miǎnfèi	6
民以食为天	mín yǐshí wéitiān	2
明星	míngxīng	8
明智	míngzhì	2
某	mǒu	1

N

年轻	niánqīng	1
牛仔服	niúzǎifú	7
牛仔裤	niúzǎikù	7
纽带	niǔdài	4

P

排名	páimíng	5
攀升	pānshēng	2
庞大	pángdà	5
朋友圈	péngyouquān	6
碰撞	pèngzhuàng	7
偏爱	piān'ài	2
票证	piàozhèng	2
平房	píngfáng	3
平台	píngtái	6
破裂	pòliè	4

Q

旗袍	qípáo	7
旗装	qízhuāng	7
群体	qúntǐ	6
裙子	qúnzi	7

R

人次	réncì	5
人满为患	rénmǎn-wéihuàn	5
日新月异	rìxīn-yuèyì	7
软件	ruǎnjiàn	6

S

晒	shài	6
商品楼	shāngpǐnlóu	3
山珍海味	shānzhēn-hǎiwèi	2
奢侈品	shēchǐpǐn	5
社交工具	shèjiāo gōngjù	6
深度	shēndù	5
渗入	shènrù	4
甚至～	shènzhì~	3
生意	shēngyi	1
省吃俭用	shěngchī-jiǎnyòng	3
时髦	shímáo	7
时装	shízhuāng	7
视频	shìpín	6
世世代代	shìshìdàidài	3
收场	shōuchǎng	4
手机	shǒujī	6
水涨船高	shuǐzhǎng-chuángāo	3
顺心	shùnxīn	4
说明	shuōmíng	2
苏俄	Sū-É	7
随之	suí zhī	1
随处	suíchù	2
随心所欲	suíxīnsuǒyù	7
随着～	suízhe~	2

T

太太	tàitai	1
唐装	tángzhuāng	7
掏钱	tāoqián	3
腾讯	Téngxùn	6
剃须刀	tìxūdāo	5

天翻地覆	tiānfān-dìfù	4
通讯	tōngxùn	6
同船共渡	tóngchuán-gòngdù	4
头衔	tóuxián	1
推出	tuīchū	6

W

外卖	wàimài	2
网络	wǎngluò	6
望洋兴叹	wàngyáng-xīngtàn	3
微不足道	wēibùzúdào	3
微信	Wēixìn	6
维系	wéixì	4
位居~	wèijū~	5
胃口	wèikǒu	2
温饱	wēnbǎo	2
文化衫	wénhuàshān	7
稳居~	wěnjū~	8
蜗居	wōjū	3

X

稀有	xīyǒu	2
先生	xiānsheng	1
享受	xiǎngshòu	2
小金库	xiǎojīnkù	4
小康	xiǎokāng	2
潇洒	xiāosǎ	1
小两口	xiǎoliǎngkǒu	4
写照	xiězhào	7
欣慰	xīnwèi	5
休假	xiūjià	5
休闲装	xiūxiánzhuāng	7
绚丽	xuànlì	7
血拼	xuèpīn	5
迅猛	xùnměng	6

Y

压力山大	yālì shān dà	4
研究生导师	yánjiūshēng dǎoshī	1
演艺界	yǎnyìjiè	8
衣冠	yīguān	7
移动	yídòng	6
一浪高过一浪	yí làng gāo guò yí làng	3
一致	yízhì	1
以~为…	yǐ~wéi…	4
以~作为…	yǐ~zuòwéi…	3
一边~一边…	yìbiān~yìbiān…	3
一江春水向西流	yìjiāng chūnshuǐ xiàng xī liú	8
一拍两散	yìpāi-liǎngsàn	4
隐患	yǐnhuàn	2
饮料	yǐnliào	2
引领	yǐnlǐng	7
应有尽有	yīngyǒu-jìnyǒu	7
营销	yíngxiāo	6
应用程序	yìngyòng chéngxù	6
油条	yóutiáo	2
有钱人	yǒuqiánrén	1
有条件	yǒu tiáojiàn	2
有文化	yǒu wénhuà	1
有研究	yǒu yánjiū	1
有知识	yǒu zhīshi	1
涌向	yǒngxiàng	5
与时俱进	yǔshí-jùjìn	1
语音	yǔyīn	6
员工	yuángōng	5
原来	yuánlái	1
源远流长	yuányuǎnliúcháng	2

Z

再	zài	1
早点	zǎodiǎn	2
张扬	zhāngyáng	1
侦查	zhēnchá	1
拯救	zhěngjiù	4
政务	zhèngwù	6
值得~	zhíde~	3
职务	zhíwù	1
智能手机	zhìnéng shǒujī	6
智能终端	zhìnéng zhōngduān	6

中产阶级	zhōngchǎn jiējí	8	资讯	zīxùn	6
中山装	zhōngshānzhuāng	7	自由行	zìyóuxíng	5
主菜	zhǔcài	2	自助海外游	zìzhù hǎiwàiyóu	5
住房	zhùfáng	3	尊重	zūnzhòng	1

著者紹介

路元（Lù Yuán）

北京出身。中国人民大学ジャーナリズム学科卒業。米国 SIT 大学大学院（SIT Graduate Institute）にて言語文化教育修士学位取得。オーストラリア　シドニー工科大学（University of Technology Sydney）中国学博士学位取得。大学卒業後中国新華社編集者となり、1989 年ハワイ大学イーストウェストセンターに留学。20 数年前より米国 SIT 海外学習部中国プロジェクト責任者担当。これまで発表した文章や著書は中国の歴史、文化芸術、少数民族、社会発展など多岐に渡る。

山下輝彦（Shānxià Huīyàn）

慶應大学名誉教授。専門は中国語学。慶應義塾大学文学部中国文学科卒業。慶應義塾大学文学研究科修士課程、博士課程修了。ハワイ大学、北京大学留学。NHK 中国語テレビ講座講師 4 年間担当。中国語学及び中国語の教科書多数執筆。教育、研究の他に趣味として、京劇の伴奏楽器を演奏する。現在東京票房（クラブ）他、京劇家として活動している。

知ってる？今の中国　～ダイジェスト版～

© 2019 年 1 月 31 日　初 版 発 行
2024 年 1 月 31 日　第 2 刷発行

検印省略

著　者　　　　　　　　　　　山下輝彦
　　　　　　　　　　　　　　路　　元

発行者　　　　　　　　　　　原　雅久
発行所　　　　　　　株式会社朝日出版社
〒 101-0065 東京都千代田区西神田 3-3-5
電話（03）3239-0271・72（直通）
振替口座　東京　00140-2-46008
http://www.asahipress.com/
柳葉コーポレーション／信每書籍印刷

乱丁・落丁本はお取り替えいたします
ISBN978-4-255-45319-4 C1087

本書の一部あるいは全部を無断で複写複製（撮影・デジタル化を含む）及び転載することは、法律上で認められた場合を除き、禁じられています。